中职生
心理健康教育

ZHONGZHISHENG
XINLI JIANKANG JIAOYU

第三版

梁丽媚 ◎ 编著

暨南大学出版社
JINAN UNIVERSITY PRESS

中国·广州

图书在版编目（CIP）数据

中职生心理健康教育/梁丽媚编著．—3 版．—广州：暨南大学出版社，
2021.7（2022.7 重印）
ISBN 978 - 7 - 5668 - 3192 - 7

Ⅰ.①中…　Ⅱ.①梁…　Ⅲ.①心理健康—健康教育—中等专业学校—教材
Ⅳ.①G444

中国版本图书馆 CIP 数据核字（2021）第 128995 号

中职生心理健康教育（第三版）
ZHONGZHISHENG XINLI JIANKANG JIAOYU（DI-SAN BAN）
编著者：梁丽媚

出 版 人：张晋升
统　　筹：苏彩桃
责任编辑：黄　斯
责任校对：张学颖　黄晓佳
责任印制：周一丹　郑玉婷

出版发行：暨南大学出版社（511443）
电　　话：总编室（8620）37332601
　　　　　营销部（8620）37332680　37332681　37332682　37332683
传　　真：（8620）37332660（办公室）　37332684（营销部）
网　　址：http：//www.jnupress.com
排　　版：广州市天河星辰文化发展部照排中心
印　　刷：佛山市浩文彩色印刷有限公司
开　　本：787mm×1092mm　1/16
印　　张：15.5
字　　数：292 千
版　　次：2006 年 8 月第 1 版　2021 年 7 月第 3 版
印　　次：2022 年 7 月第 13 次
定　　价：42.80 元

（暨大版图书如有印装质量问题，请与出版社总编室联系调换）

序

时光飞逝，转眼间你已经成长为一名中职生了。成长的道路上充满各种挑战，你还在为来到职校而失望自卑吗，还在为自己不喜欢的专业而闷闷不乐吗，还在为刚交的朋友不理解自己而偷偷落泪吗？可是，有谁在成长过程中不曾迷茫忧郁、不曾体验过孤独无助的感觉呢？生理的成熟、学业的压力、交往的烦恼、亲子的代沟、青春的困惑等等，都有可能成为成长路上的障碍。你该如何面对你在职校生活中碰到的种种困惑呢？请相信，《中职生心理健康教育》（第三版）将会帮助你。

这本教材分为"心理健康""自我探索""人际交往""学习心理""情商管理""职业心理""青春期心理""生命教育"八个篇章。每个篇章包含贴近生活的案例分析、通俗易懂的心理知识、发人深省的心理故事、富有趣味的心理游戏、学以致用的心理测试和启人心智的心灵鸡汤，相信你一定能从中有所领悟、有所成长。

• 心理健康——认识心理健康的重要性，了解自我心理健康水平，建立自我心理支持系统，学会如何保持心理健康。

• 自我探索——学会认识自我，超越自卑；欣赏自我，接纳自我；开发自我，打造自我，了解自己的价值取向，学会选择。

• 人际交往——学习人际交往的技巧，学会双向沟通、换位思考、聆听、信任、欣赏、赞美与合作，学会与同学、老师、父母更好地沟通、交流。

• 学习心理——树立学习自信心，培养学习兴趣，通过注意力、记忆力和思维训练提高学习能力，学会缓解考试焦虑。

• 情商管理——学习情绪 ABC 理论，学会调控情绪、缓解压力，塑造坚强的意志，能够直面挫折，追逐希望，成就人生。

●职业心理——通过职业心理测试，了解自己的职业兴趣、职业性格、职业能力和气质，设计合理的职业生涯规划，照亮未来。

●青春期心理——走出渴慕的季节，把握异性交往的尺度，恰当处理青春期的烦恼，明白爱的真谛，在晴朗的"心空"下欢乐翱翔，等待真爱。

●生命教育——领悟生命的短暂和可贵，珍爱生命，珍惜时间，远离网瘾；树立人生目标，追逐梦想，关注生活、关注世界、关注人生……

同学们，《中职生心理健康教育》（第三版）会陪伴你们一起面对成长中的挑战，经历成长的痛苦和快乐。希望你们敞开心扉，积极交往，勇敢面对生活中的挫折，学习化解各种压力，合理规划自己的目标，超越自我，做最好的自己……我衷心希望《中职生心理健康教育》（第三版）能带给你们一份丰硕甜美的精神食粮，为你们开辟一道心灵之门！

梁丽媚

2021 年 4 月

第三版前言

习近平总书记对职业教育工作作出重要指示，强调要加快构建现代职业教育体系，培养更多高素质技术技能人才、能工巧匠、大国工匠。这对职业院校提出了更高要求。中职学生作为职业院校的一个特殊群体，除了要重视文化基础知识和专业技能的学习外，还要重视心理健康水平的提高。因此，加强中职学生的心理健康教育成为发展现代职业教育的重要环节。

《中职生心理健康教育》从 2006 年首次出版、2015 年第二版，迄今为止已经开印 11 次，总印数达 4 万册，受到广大中职学生和老师的欢迎。为了让教材更丰富完美、具有时代性和可读性，更加贴近学生的实际生活，同时也为了更好地促进中职学生的心理健康，现推出《中职生心理健康教育》第三版。在经过广泛调研、听取中职学生和老师意见的基础上，第三版在内容、文字上都作了相应调整。

本次修订主要结合中职学生实际需求和心理健康课开展情况，对过时的案例、陈旧的故事进行更换，优化相关心理知识，补充操作性强的游戏，选取具有时代性的名人故事，增加教材的操作性和可读性，进一步提升教材的使用效果，做到让学生喜欢、老师满意。

本书力求通过贴近生活的案例分析、通俗易懂的心理知识、发人深省的心理故事、富有趣味的心理游戏、学以致用的心理测试、启人心智的心灵鸡汤等，为维护中职学生的心理健康、促进中职学生的全面发展和健康成长，提供一些切实可行的心理服务与帮助。

本书适合作为中职学校教材，同时也适合作为中职学生自学读物，对于从事中职学生德育的工作者也有一定的参考作用。限于作者的能力和水平，教材中可能有疏谬之处，竭诚欢迎使用本教材的读者提出宝贵的意见。

最后，感谢广大中职学校和心理健康教育工作者一路以来的支持。同时，本书在编写过程中参阅了各种教材和有关资料，限于篇幅，难以一一列出，在此一并表示感谢！

作　者
2021 年 4 月

第二版前言

《中职生心理健康教育》第一版自 2006 年出版以来，得到了广大中职学校和心理健康教育工作者的支持，得以多次重印。这对教材的作者来说，无疑是莫大的鼓舞。同时，这也促使我们以更高的标准要求自己，以回馈读者的期望。

在这九年里，随着社会的发展和中职生的实际需求的变化，《中职生心理健康教育》一书中的部分内容确实需要调整，加之本人在心理健康教育教学一线的工作过程中，发现很多新知识、新观念及新方法不断涌现，本着对本书读者负责的态度，在出版社的大力推动下，有了今天您看到的《中职生心理健康教育》第二版。

当然，虽然说是再版，但这本书的工作量一点儿都不比原版少。

首先是各章节的规划更加合理。第二章删除原有的第四节"打造自我"；第四章将"思维训练"和"想象力训练"合并修改为"学习能力训练"；原有的第五、六章合并为新的第五章"情商管理"；将第八章"青春期心理"的相关内容调整为第七章，并增加了两节——"恋爱红绿灯"和"真爱需要等待"；将第九章"网络心理"的相关内容合并到第十章"生命教育"中并调整为第八章。修改后，每章的内容更加充实而系统，学生能逐层深入地掌握心理健康教育知识。

其次是每节的内容更加丰富，增加了"心理视窗"这一板块，选取相关的心理学知识，让学生掌握基本的心理健康保健知识；更新了"个案分析""心理游戏""心理故事"三个板块的内容，使每节的内容更具操作性、趣味性和教育性，以便于广大心理健康教育工作者使用和开展教学。

所以，我认为第二版的内容更全面，方法更新颖，可读性和实操性也更强。相信看过第一版的您一定会从这个版本中得到更多的收获。

最后，我要再一次感谢广大中职学校和心理健康教育工作者的支持，有了你们的支持，我感觉非常温暖，也感到长时间伏案疾书的那种艰辛原来是那么的美丽。限于作者的能力和水平，教材中很可能存在疏漏和讹误，真诚地欢迎使用本教材的读者提出宝贵的意见。

作 者
2015 年 6 月

第一版前言

中等职业技术学校学生是未来中国经济建设主战线的生力军，也是中等教育接受者中一个特殊的群体。要成为高素质的职业技术人才，除良好的文化素质和身体素质外，心理健康素质至关重要。因为他们同时面临着求学与就业的双重竞争压力，加之社会上仍然存在着严重的鄙薄职业技术教育的倾向，因此，他们在学习、生活、人际交往和自我意识等方面遇到或出现的各种心理问题更为突出，有些问题如果不能给予足够重视，并及时加以解决，就会对中职生的心理健康以及社会经济的发展造成不良影响。

为了进一步贯彻教育部《关于加强中小学心理健康教育的若干意见》及全国职教工作会议精神，切实加强中等职业技术学校心理健康教育工作，我校开设了心理健康教育课程，树立"心理健康素质是人的第一素质"的观点，全面提高中等职业技术学校学生的心理素质，培养其自信自强的心理品质，提高其社会适应能力。由于用于中职生教学的专门心理健康教育教材很少，且实用性、操作性不强；而普高的心理健康教育教材又缺乏针对性，不能满足中职生的实际需要，因此开发中职生的心理健康教育教材显得尤为重要。

本教材的具体教学目标是：○全面提高学生的心理素质，增进学生的心理健康，培养学生处理现实生活中的问题和适应未来职业所必需的心理品质；②使学生掌握必要的心理保健知识，增强心理保健意识，提高心理保健能力，为学生未来的创业奠定坚实的基础；③通过心理健康教育活动，提高学生的学习能力，培养学生的道德品质，促进学生全面、健康、和谐地发展。

与传统的知识学习式的教材不同的是，这是一本活动课教材。所谓"活动课"，指的是每节课安排一些特别设计、与课程主题相关的活动——包括游戏、分享和讨论等——然后引导学生领悟相关的理念、知识和方法。在本教材中，我们主要设置了如下课堂内容：个案分析（选取学生在学习、生活中遇到的困惑、烦恼等实际问题，引导学生分析原因并提出合理化建议）、心理游戏（选取与主题相关的有趣味性的、有意义的游戏，让学生积极参与，获取深刻的体验）、心理故事（选取一些发人深省的故事，让学生有所启发和感悟）、心理视窗（选取相关的心理学知识，让学生掌握基本的心理保健知识）、心理测试（选取一些有趣味性的、操作方法简单的心理测试，让学生对自我的心理状态多些了解）、心灵鸡汤（选取相关的故事或散文，让学生加深认识，使其思想得到进一步升华）、心灵感悟（让学生在课本上直接写下自己的点滴体会、感想和心得）。除此之外，还有热点报道、心灵剧场、心理咨询、心理实验、心理训练、心理调查等相关内容，但不是每一章节都有这些内容，而是根据主题需要而定。

本教材在编写过程中，得到了华南师范大学应用心理学博士研究生导师郑希付教授的指导和支持，在此表示深切的谢意！同时，在教材编写过程中，参阅了各种教材和有关资料，限于篇幅，难以一一列出，在此一并表示感谢！由于编者水平有限，书中若有不完善之处，敬请专家和广大读者批评指正。

作　者
2006 年 5 月

目 录
CONTENTS

第一章　心理健康

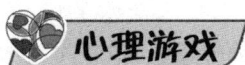

心理游戏

我最珍贵的……

　　什么是我们生命中最珍贵的东西呢？每个人都会有自己的回答，有宏观的，如家庭（或家人）、事业、健康、朋友、金钱、名望等；也有小到某个具体的、特定的东西的，如相册、日记本、邮票等。请你在下面空白的地方写下你生命中最珍贵的五样东西或事物，它既可以是具体的，也可以是抽象的；既可以是有生命的，也可以是无生命的。

_____

_____

_____

_____

_____

我的支持系统

爱我的亲人：	
我的好朋友：	
我信赖的老师：	
心理援助热线：	
心理咨询网站：	
心理咨询机构：	
心理治疗医院：	

❁ 个案分析

　　向丽是一所中等职业学校二年级的学生，见到她的人都夸她是一个文静、漂亮的姑娘，可这个无忧无虑的小姑娘最近陷入了烦恼之中。这学期学校举办钢琴技能比赛，班主任让向丽作为班级代表参加学院的总决赛。老师反复向她强调这是一项重要而光荣的任务，希望她能赛出好成绩，为班级争光。向丽接到任务以后就勤练钢琴，可是在同学中一向弹起琴来行云流水的她却发现自己总是出错，越着急越出错，一首曲子下来断断续续的，很不连贯。而且向丽一坐在钢琴前就头昏眼花，吃饭也觉得没以前有胃口了，心里很着急，想着：我这个样子怎么办呢，比赛那天肯定不行了。比赛的日子越来越近，向丽的情况越来越糟。好朋友小微发现了向丽的变化，建议她去学校的心理咨询室咨询一下。

你认为向丽的问题是什么？

_____

_____

_____

_____

热点报道 ●●

北大学生弑母案

　　北大学生吴谢宇弑母案引起了社会各界的强烈关注。亲情，不都是血浓于水吗？吴谢宇为什么要杀害生他育他的母亲？近年来大学生杀人案频频发生，2004 年马加爵杀害 4 名同学案、2007 年中国矿业大学校园投毒案、2012 年安徽医科大学图书馆命案、2013 年复旦大学研究生投毒事件……我们无法想象，本应该拥有高素养的大学生，怎么会沦落到漠视生命、无视法律底线的地步？

经查明，北大"学霸"吴谢宇杀害母亲，为防止尸体腐烂，将尸体用塑料布层层包裹，还放入了活性炭吸臭。弑母后，他还以母亲名义贷款，欺骗同学及周边人说母亲陪他去国外读书。2019年4月21日，吴谢宇在重庆江北机场被抓捕。是什么原因造成了他这种变态犯罪呢？

父母在青少年发展过程中占有重要地位。心理学家弗洛伊德曾认为儿童认同作用会使儿童将父亲作为榜样进行模仿，父爱的缺失会使孩子变得软弱、不自信、不勇敢。吴谢宇父亲早逝，他在童年时期缺乏父爱，得不到应有的关心和教导。而吴谢宇的母亲谢天琴是一名教师，刻板、固执、清高，控制欲极强，丈夫去世了，生活的希望全都寄托在唯一的儿子身上，对孩子的要求非常严格，每件事都要求他做到完美。由于父爱的缺失和母亲专制高压的教育方式，吴谢宇长期生活在压抑和抑郁里，他曾至少两次告诉朋友想要自杀，觉得大学很压抑，没有能够说话的朋友，内心十分孤独。因此，吴谢宇在母亲的长期高压下生活必然也会激发矛盾与抗争。从他杀害母亲之后很淡定地用保鲜膜和活性炭包裹母亲的尸体看得出来，他对杀害母亲这件事情没有一丝羞愧之心，反而用高智商手法来掩盖作案事实。他的内心是多么冷酷，已经形成了反社会人格。

近年来，大、中、小学生自杀事件也层出不穷，其背后是否隐藏着严重的心理问题？专家指出，现在的大、中、小学校园内，学业竞争、人际关系紧张等因素都有可能导致学生心理问题的产生，有时，一些鸡毛蒜皮的小事也可能成为引发心理失调的原因。因此，心理健康教育不可忽视。

心理视窗

如何保持心理健康

1946年，第三届国际心理卫生大会提出，心理健康是指"①身体、智力、情绪十分调和；②适应环境，人际关系中能彼此谦让；③有幸福感；④在工作和职业中，能充分发挥自己的能力，过有效率的生活"。

心理健康越来越为人们所重视，那么如何保持心理健康呢？

（1）建立充分的安全感。安全感是人的基本需要之一，如果惶惶不可终日，很容易产生抑郁、焦虑等心理，也会引起消化系统的失调，甚至会导致病变。

（2）充分地了解自己，适度地评价自己。如果过高地估计自己的能力，勉强去做超过自己能力的事情，容易遭受失败的打击；如果过低地估计自己的能力，缺乏自信心，容易产生抑郁情绪。

（3）生活目标切合实际。由于社会生产发展水平与物质生活条件有一定限度，如果生活目标定得太高，必然会产生挫折感，不利于身心健康。

（4）与现实环境保持接触。因为人的精神需要是多层次的，与外界接触，一方面可以丰富精神生活，另一方面可以及时调整自己的行为，以便更好地适应环境。

（5）保持人格的完整与和谐。能力、兴趣、性格与气质等各种特征必须和谐统一，方能使自己的才能得到最大程度的施展。

（6）善于从经验中学习。现代社会知识更新很快，为了适应新的形势，就必须不断学习新的东西，才能在生活和工作中得心应手，少走弯路，以取得更大的成功。

（7）保持良好的人际关系。人际关系中，有正向积极的关系，也有负向消极的关系，而人际关系的协调与否，对人的心理健康有很大的影响。

（8）适度地表达和控制自己的情绪。人有喜怒哀乐等不同的情绪体验。不愉快的情绪必须释放，切忌发泄过头，否则，既会影响自己的生活，也有可能加剧人际矛盾，于身心健康无益。

（9）适当地发挥自己的个性。在不违背社会标准的前提下，人的个性应该适当地发挥出来，但不能损害他人利益，不能损害团体利益，否则会引起人际纠纷，徒增烦恼，无益于身心健康。

（10）心理咨询和心理治疗。如果已经有了心理问题，需要到心理咨询机构或心理门诊及时诊治。

心理辨析

请判断下面的说法是否正确，正确的打"√"，错误的打"×"，并说明理由。

1. 去学校心理咨询室咨询的人，都是有心理疾病的人。（　　　）

2. 健康不仅包括身体健康还应包括心理健康。（　　　）

3. 职校生心理问题主要集中在学习、就业、人际交往、情感等方面。（　　　）

4. 心理不健康是一件令人丢脸的事情。（　　　）

5. 心理疾病或障碍只有在外人能看出来时才有必要去求助心理医生。（　　　）

6. 心理疾病不会影响身体健康。（　　　）

7. 心理问题就是精神病，就是心理变态。（　　　）

8. 正常人也有心理问题。（　　　）

心灵剧场

心灵捕手

　　麻省理工学院的数学教授西恩（罗宾·威廉斯饰），在他系里的公布栏里写下了一道他觉得十分费解的题目，希望他那些杰出的学生能解出答案，但无人能解。一个年轻的清洁工（马特·达蒙饰）却在下课打扫卫生时发现了这道数学题，并轻易地解答了这道难题。教授想要找出真正的解题者，便又出了另一道更难的题目，想要以此找出这位数学天才。

　　原来，这个可能是"下一世纪的爱因斯坦"的年轻人叫威尔·杭汀。他聪明绝顶却叛逆不羁，到处打架滋事，并被少年法庭宣判送进少年看护所。最后经过数学教授的保释和向法官求情，他才免受牢狱之灾。教授希望威尔能够重拾自己的人生目标，用尽方法希望他能打开心结，但是许多被教授请来为威尔做心理辅导的心理学家，都被这个毛头小子洞悉心理并反被其羞辱，于是纷纷宣告威尔已"无药可救"。

　　教授在无计可施的情况下，只好求助于他的大学同学兼好友查克（本·阿弗莱克饰），希望他来开导这个前途岌岌可危的年轻人。到底最后威尔能不能打开心胸拥抱生活，会不会把自己之前所遭遇的困境抛诸脑后呢？

心理测试

心理健康诊断测验（MHT）

指导语

1. 这些题目是调查你的心情和感受的，不是测验智力和学习能力的，与学习成绩无关，答案也没有好坏之分，请按照你平时所想如实回答。

2. 回答方法。本测验每一题都有"是"和"否"两种供选择的答案。

问卷项目

1. 你夜里睡觉时，是否总想着明天的功课？

2. 老师在向全班提问时，你是否会觉得是在提问自己而感到不安？

3. 你是否一听说"要考试"心里就紧张？

4. 你考试成绩不好时，心里是否会感到不快？

5. 你学习成绩不好时，是否总会提心吊胆？

6. 在考试中想不起来原先掌握的知识时，你是否会感到焦虑？

7. 你考完试后，在没有知道成绩之前，是否总是放心不下？

8. 你是否一遇到考试，就会担心成绩不理想？

9. 你是否希望考试能顺利通过？

10. 你在没有完成任务之前，是否总担心完不成任务？

11. 你当着大家的面朗读课文时，是否总是怕读错？

12. 你是否认为在学校里取得的学习成绩总是不大可靠？

13. 你是否认为自己比别人更担心学习成绩？

14. 你是否做过考试考砸了的梦？

15. 你是否做过学习成绩不好时，受到爸爸妈妈或老师训斥的梦？

16. 你是否常常觉得有同学在背后说你坏话？

17. 你受到父母批评后，是否总是想不开，放在心上？

18. 玩游戏时，你在与别人的竞争中输给了对方，是否就不想再玩了？

19. 别人在背后议论你，你是否感到厌恶？

20. 你在大家面前发言或被老师提问时，是否会脸红？

21. 你是否很担心老师让你担任班干部？

22. 你是否总是觉得好像有人在注意你？

23. 在工作或学习时，如果有人注意你，你是否会心里紧张？

24. 你受到批评时，心里是否总会不愉快？

25. 你受到老师批评时，心里是否总会不安？

26. 同学们在笑时，你是否不会跟着大家一起笑？

27. 你是否觉得到同学家里玩不如在自己家里玩放松？

28. 你和大家在一起时，是否也觉得自己是孤单一个人？

29. 你是否觉得和同学一起玩，不如自己一个人玩？

30. 同学们在交谈时，你是否不想加入？

31. 你和大家在一起时，是否会觉得自己是多余的人？

32. 你是否讨厌参加运动会和文艺演出？

33. 你的朋友是否很少？

34. 你是否不喜欢同别人谈话？

35. 在人多的地方，你是否会觉得很害怕？

36. 你在排球、篮球、足球、拔河、广播操等体育比赛中输了时，是否会一直认为是自己的过错？

37. 你受到批评后，是否总是认为是自己哪里做得不好？

38. 别人取笑你的时候，你是否会认为是自己不用功的缘故？

39. 你学习成绩不好时，是否总是认为是自己不用功的缘故？

40. 你失败的时候，是否总是认为是自己的责任？

41. 大家一起受到责备时，你是否认为主要是自己的过错？

42. 你参加乒乓球、羽毛球、篮球、足球、拔河、广播操等体育比赛时，是否一出错就特别紧张？

43. 碰到为难的事情时，你是否认为自己难以应付？

44. 你是否有时会后悔，觉得哪件事不做就好了？

45. 你和同学吵架以后，是否总会认为是自己的错？

46. 你心里是否总想着为班级做点儿贡献？

47. 你学习的时候，思想是否经常开小差？

48. 你把东西借给别人时，是否担心别人会把东西弄坏？

49. 碰到不顺利的事情时，你心里是否会十分烦躁？

50. 你是否非常担心家里有人生病或死去？

51. 你是否在梦里见到过死去的人？

52. 你对收音机和汽车的声音是否特别敏感？

53. 你心里是否总觉得好像有什么事没有做好？

54. 你是否担心会发生什么意外?

55. 你在决定要做什么事时,是否总是犹豫不决?

56. 你的手上是否经常出汗?

57. 你害羞时是否会脸红?

58. 你是否经常头痛?

59. 你被老师提问时,心里是否总是很紧张?

60. 你是否没有参加运动,心脏却经常"扑通扑通"地跳?

61. 你是否很容易疲劳?

62. 你是否很不愿意吃药?

63. 夜里你是否很难入睡?

64. 你是否觉得身体好像有什么毛病?

65. 你是否经常认为自己的身形和面孔比别人难看?

66. 你是否经常觉得肠胃不舒服?

67. 你是否经常咬指甲?

68. 你是否经常舔手指头?

69. 你是否经常感到呼吸困难?

70. 你去厕所的次数是否比别人多?

71. 你是否很害怕到高的地方去?

72. 你是否害怕很多东西?

73. 你是否经常做噩梦?

74. 你的胆子是否很小?

75. 夜里,你是否很怕一个人在房间里睡觉?

76. 你乘车穿过隧道或桥洞时,是否会感到很害怕?

77. 你是否喜欢夜里开着灯睡觉?

78. 你听到打雷声是否非常害怕?

79. 你是否非常害怕黑暗?

80. 你是否经常感到后面有人跟着你?

81. 你是否经常生气?

82. 你是否不想得到好成绩?

83. 你是否会突然想哭?

84. 你以前是否说过谎话?

85. 你有时是否觉得还是死了好?

86. 你是否一次也没有失约过?

87. 你是否经常想大声喊叫？

88. 你是否不愿说出别人不让说的事？

89. 你是否想远自己一个人到遥远的地方去？

90. 你是否总是很有礼貌？

91. 你被人说了坏话，是否想立即采取报复行动？

92. 老师或父母说的话，你是否都会照办？

93. 你心里不开心，是否会乱丢、乱砸东西？

94. 你是否发过怒？

95. 你想要的东西，是否就一定要拿到手？

96. 你不喜欢的课，老师提前下课，你是否感到特别高兴？

97. 你是否经常想从高的地方跳下来？

98. 你是否无论对谁都很亲密？

99. 你是否会经常急躁得坐立不安？

100. 对不认识的人，你是否都喜欢？

计分规则

凡是选"是"得1分；选"否"得0分。

结果解释

（1）效度量表的解释：第82、84、86、88、90、92、94、96、98、100项组成效度量表。它们的得分合计在7分以上者，可考虑将该份答卷作废，并在适当的时候重新进行测验。

（2）全量表的解释：除去效度量表项目，将余下的全部问卷项目的得分累加起来，即可得到全量表分。全量表的标准分≥65分：该生情绪状况总体上不良，焦虑情绪较严重，有适应障碍，需要给予特别辅导；全量表的标准分<65分：该生情绪状况总体上正常，但需要进一步了解各题得分的情况。

（3）各分量表的解释：如果一个分量表的标准分≥8分，属高分，说明学生在该项目上有困扰或障碍，需要给予特别辅导；如果标准分<8分，属低分，则说明学生在该项目上表现正常。

A. 学习焦虑（由第1、2、3、4、5、6、7、8、9、10、11、12、13、14、15项组成）：

高分（8分以上）：对考试怀有恐惧心理，无法安心学习，十分关心考试分数。这类人必须接受为他制订的有针对性的特别指导计划。

低分（3分以下）学习焦虑程度低，学习不会受到困扰，能正确对待考试成绩。

B. 对人焦虑（由第 16、17、18、19、20、21、22、23、24、25 项组成）：

高分（8 分以上）：过分注重自己的形象，害怕与人交往。这类人必须接受为他制订的有针对性的特别指导计划。

低分（3 分以下）：热情、大方，容易结交朋友。

C. 孤独倾向（由 26、27、28、29、30、31、32、33、34、35 项组成）：

高分（8 分以上）：孤独、抑郁，不善于与人交往，自我封闭。这类人必须接受为他制订的有针对性的特别指导计划。

低分（3 分以下）：爱好社交，喜欢寻求刺激，喜欢与他人在一起。

D. 自责倾向（由第 36、37、38、39、40、41、42、43、44、45 项组成）：

高分（8 分以上）：自卑，常常怀疑自己的能力，常将失败、过失归咎于自己。这类人必须接受为他制订的有针对性的特别指导计划。

低分（3 分以下）：自信，能正确看待失败。

E. 过敏倾向（由第 46、47、48、49、50、51、52、53、54、55 项组成）：

高分（8 分以上）：过于敏感，容易为一些小事烦恼。这类人必须接受为他制订的有针对性的特别指导计划。

低分（3 分以下）：敏感性较低，能较好地处理日常事务。

F. 身体症状（由第 56、57、58、59、60、61、62、63、64、65、66、67、68、69、70 项组成）：

高分（8 分以上）：在极度焦虑的时候，会出现呕吐、失眠、小便失禁等明显症状。这类人必须接受为他制订的有针对性的特别指导计划。

低分（3 分以下）：基本没有身体异常表现。

G. 恐怖倾向（由第 71、72、73、74、75、76、77、78、79、80 项组成）：

高分（8 分以上）：对某些日常现象，如黑暗等，有较严重的恐惧感。这类人必须接受为他制订的有针对性的特别指导计划。

低分（3 分以下）：基本没有恐惧感。

H. 冲动倾向（由第 81、83、85、87、89、91、93、95、97、99 项组成）：

高分（8 分以上）：十分冲动，自制力较差。这类人必须接受为他制订的有针对性的特别指导计划。

低分（3 分以下）：基本不冲动。

[周步成. 心理健康诊断测验（MHT）手册. 上海：华东师范大学出版社，1991]

心灵鸡汤

抑郁症治疗，药物和心理咨询哪个更重要

根据世界卫生统计，抑郁症患者呈逐年增长趋势。抑郁症严重危害人们的身心健康。关于抑郁症治疗，药物和心理咨询哪个效果更好呢？

什么是抑郁症

抑郁症是抑郁障碍的一种典型情况。抑郁症患者主要表现为长时间情绪低落，存在自伤、自杀等行为。根据科学统计显示，抑郁症患者平均年龄在20～30岁，而且女性患者要多于男性患者。目前抑郁症病因还不是很明确，但是大量资料研究表明和遗传因素、心理因素、社会因素等有一定关系。

药物治疗

服用药物是治疗抑郁症的一种有效方法，主要是作用于中枢神经系统的化学递质，会让人的大脑思维发生改变。药理学家通过研究发现，类似抑郁症的抑郁情绪、精神分裂症的不安全感等这样的背景心态和五羟色胺、多巴胺等化学递质存在一定关系。服用药物之后会适当提高或者降低相应递质在中枢神经纤维的突触间隙间的浓度，患者的背景心态就会发生改变，抑郁症症状就会有所缓解，从而达到治疗的效果。

心理咨询

药物治疗虽然有效，但是在整个过程中患者和治疗师之间缺乏交流，患者需要做的就是按时按量服药，关注重点在症状改善和药物副作用上，忽视了情绪方面的问题，因此治疗存在一定局限性。

心理咨询可以拉近患者和治疗师之间的距离。通过一对一交流，对患者自身情况有全面了解，和药物治疗比较而言这种方式会让患者主动参与进来，积极配合治疗师，对自身存在的问题进行分析、讨论，实际效果会更好。抑郁症治疗最终目的是让患者从低落情绪中走出来，所以开展心理咨询是很有必要的，对患者精神状态进行调整，远比药物治疗效果更好。

心理咨询更加人性化，在专业医师协助下解决患者自身问题，整个过程对改变其精神状态有很大的帮助。所以，抑郁症治疗服用药物不是唯一方法，心理咨询同样很重要，要尽早介入，才能改善治疗效果。

相关研究表明，在没有心理咨询的情况下，抑郁症患者康复时间会更长，可见心理咨询非常重要。心理咨询不会像药物治疗那样周期清晰，很多患者都会问"我还要接受多长时间治疗",这种问题是很难回答的,治疗过程中患者病情会不断发生变化,因而时间不是固定的。所以说仅靠服药是很难治愈抑郁症的,患者要积极开展心理咨询,才能有效缓解症状,恢复到正常生活状态。

护理

为了帮助患者康复,开展护理是必不可少的。应为患者创建一个安静、轻松的生活环境,保证患者拥有充足的休息时间,不过度劳累,避免外部因素对患者的刺激。患者应听从医生叮嘱服药,不能擅自停药或者增减药物,避免对治疗效果产生不利影响。家人要多花时间陪患者,多和他们交流,使其保持积极乐观心态。

抑郁症患者没有特定的饮食禁忌,但要养成健康的饮食习惯,满足身体所需营养成分,有益于健康。患者可积极参与运动,有利于增强体质,适宜项目有散步、慢跑、太极拳等,控制好运动时间和运动量,不能过度劳累,感觉到劳累时需要休息。

[左亮. 抑郁症治疗,药物和心理咨询哪个更重要. 大众健康报,2020 - 11 - 11(13)]

第二章　自我探索

第一节　认识自我

　　在古希腊的奥林匹斯山上，有一座特耳菲神殿，神殿里有一块石碑，上面写着——人，认识你自己。以宙斯为首的众神觉得人类没有真正地认识自己，就派了一个"狮身人面"的怪兽斯芬克斯来到人间。她整天守在过往行人必经的路上，重复让路人猜一个谜："什么动物早上用四条腿走路，中午用两条腿走路，到了晚上则用三条腿走路？"如果行人能够猜出谜底，她就放他过去，否则就把他吃掉。日子一天一天地过去了，一直没有人答出来，所以众多的行人都成了她的腹中之物。终于有一天，一个叫俄狄浦斯的年轻人来到了她的面前，说出了这个神奇动物的谜底——人。斯芬克斯听到这个回答以后，就跳崖自杀了。这就是著名的"斯芬克斯之谜"的故事。众神希望人类能够真正认识自己，向人类提出质疑，也给人类设置了一个"狮身人面"的怪兽作障碍，当俄狄浦斯回答出谜底"人"时，我们也就真正了解了人类自身成长、发展、衰老的过程，那么人类就经历了对自身从懵懂无知到自知的过程，克服了成长中的一大障碍，所以吃人的斯芬克斯就死了，她的使命也就完成了。

　　（崔丽娟. 高中生心理健康教育读本：学生用书. 合肥：安徽科学技术出版社，2004）

心理游戏

我是谁

你认识自己吗？你能在三分钟内说出关于你自己的一切吗？试写 20 个关于"我"的句子，描述一下你自己吧。（说明：①不要做太多的思考，想到什么就写下来。②内容可以很具体，如我是一个女孩、我是一个爱笑的女孩；也可以比较抽象，如我是一片云、我是一棵小草等）

1. 我＿＿＿＿＿＿＿＿＿＿＿＿＿＿＿＿＿＿＿＿＿＿＿＿＿＿＿＿＿
2. 我＿＿＿＿＿＿＿＿＿＿＿＿＿＿＿＿＿＿＿＿＿＿＿＿＿＿＿＿＿
3. 我＿＿＿＿＿＿＿＿＿＿＿＿＿＿＿＿＿＿＿＿＿＿＿＿＿＿＿＿＿
4. 我＿＿＿＿＿＿＿＿＿＿＿＿＿＿＿＿＿＿＿＿＿＿＿＿＿＿＿＿＿
5. 我＿＿＿＿＿＿＿＿＿＿＿＿＿＿＿＿＿＿＿＿＿＿＿＿＿＿＿＿＿
6. 我＿＿＿＿＿＿＿＿＿＿＿＿＿＿＿＿＿＿＿＿＿＿＿＿＿＿＿＿＿
7. 我＿＿＿＿＿＿＿＿＿＿＿＿＿＿＿＿＿＿＿＿＿＿＿＿＿＿＿＿＿
8. 我＿＿＿＿＿＿＿＿＿＿＿＿＿＿＿＿＿＿＿＿＿＿＿＿＿＿＿＿＿
9. 我＿＿＿＿＿＿＿＿＿＿＿＿＿＿＿＿＿＿＿＿＿＿＿＿＿＿＿＿＿
10. 我＿＿＿＿＿＿＿＿＿＿＿＿＿＿＿＿＿＿＿＿＿＿＿＿＿＿＿＿
11. 我＿＿＿＿＿＿＿＿＿＿＿＿＿＿＿＿＿＿＿＿＿＿＿＿＿＿＿＿
12. 我＿＿＿＿＿＿＿＿＿＿＿＿＿＿＿＿＿＿＿＿＿＿＿＿＿＿＿＿
13. 我＿＿＿＿＿＿＿＿＿＿＿＿＿＿＿＿＿＿＿＿＿＿＿＿＿＿＿＿
14. 我＿＿＿＿＿＿＿＿＿＿＿＿＿＿＿＿＿＿＿＿＿＿＿＿＿＿＿＿
15. 我＿＿＿＿＿＿＿＿＿＿＿＿＿＿＿＿＿＿＿＿＿＿＿＿＿＿＿＿
16. 我＿＿＿＿＿＿＿＿＿＿＿＿＿＿＿＿＿＿＿＿＿＿＿＿＿＿＿＿
17. 我＿＿＿＿＿＿＿＿＿＿＿＿＿＿＿＿＿＿＿＿＿＿＿＿＿＿＿＿
18. 我＿＿＿＿＿＿＿＿＿＿＿＿＿＿＿＿＿＿＿＿＿＿＿＿＿＿＿＿
19. 我＿＿＿＿＿＿＿＿＿＿＿＿＿＿＿＿＿＿＿＿＿＿＿＿＿＿＿＿
20. 我＿＿＿＿＿＿＿＿＿＿＿＿＿＿＿＿＿＿＿＿＿＿＿＿＿＿＿＿

我的自画像

下面是有关性格、能力、品质的词语，请同学们在"我的自画像"里，填上相应的形容自己性格特征、能力和品质的词语，填写得越多越好。

内向、外向、有恒心、顺从、冲动、浮躁、有谋略、爱争辩、冷漠、有责任感、独立、害羞、有主见、理性、好交际、友善、实际、缺乏想象力、文静、富有想象力、好奇心强、有条理、被动、善解人意、固执、乐观、天真、柔婉、活跃、周到、含蓄、爱冒险、有效率、坦率、自信、拘谨、情绪化、防御心强、爱动脑、善言辞、内省、爱表现、乐于助人、追根究底、粗鲁、节俭、有野心、慷慨、直觉准确、细心、刚毅、依赖性强、真诚、有说服力、理想主义、孤僻、机智、悲观、沉着、有同情心、保守等。

我的自画像

心理视窗

如何认识自我

认识自我是对自己及自己与周围环境关系的认识，认识和了解自己越多，走的弯路就越少，那么认识自我有什么途径呢？

第一，通过自我观察认识自己。要认识自己，我们必须做一个有心人，经常反省自己在日常生活中的点滴表现，总结自己是一个什么样的人，找出自己的优点和缺点。自我观察是我们自我教育、自我提高的重要途径。

自我观察主要包括三个方面：

（1）生理自我：对自身外表和体质状况的观察，包括外貌、风度和健康状况等方面的观察。如：我是一个高高瘦瘦的男孩。

（2）社会自我：对自己在集体中的位置和作用、在公共生活中的举止表现及社会适应能力等方面的观察。如：我是一名中职生，我是学前201班的一名学生。

（3）心理自我：对自己精神世界的观察，包括对自己智力水平、能力、性格、兴趣、爱好、特长等方面的观察。如：我是一个性格开朗的人，我是一个做事细心的人。

第二，通过他人评价了解自己。大文豪苏轼写道："不识庐山真面目，只缘身在此山中。"一般来说，当局者迷，旁观者清，周围的人对我们的态度和评价能帮助我们认识自己、了解自己。我们要尊重他人的态度与评价，并冷静地分析。对他人的态度与评价我们既不能盲从，也不能忽视。

第三，自我反省。曾子曰：吾一日三省吾身。古语有云：闲谈莫论人非，静坐常思己过。我们可以从认知、情感、意志，如"我是一个什么样的人，我是否喜欢自己、肯定自己，我的优势和不足在哪里，我是否注意并改善人际关系，我是否以积极肯定的心态面对所有的事情"等方面去自我觉察、剖析自己，以达到深刻认识自己的目的。

心理训练

	自我观察	他人评价	自我反省
生理			
心理			
社会			

心灵鸡汤

自我宣言

[美] 维吉妮亚·史代尔

一个 15 岁的女孩曾经问我："我该怎么做，才能过上充实的生活？"我的答案很简单，只有 4 个字："做你自己。"

在这世上，我是独一无二的个体。也许我有些地方与别人相似，但我仍是无人能取代的。我的一言一行都有我自己的个性，因为这是我自己的选择。

我是自己的主人——我的身体，从头到脚；我的脑子，包括情绪思想；我的眼睛，包括看到的一切事物；我的感觉，不管是兴奋快乐，还是失望悲伤；我所说的一字一句，不管是说对还是说错，中听还是逆耳；我的声音，不管是轻柔还是低沉；以及我的所作所为，不管是值得称赞还是有待改善。

我有自己的幻想、美梦、希望以及恐惧。

成功胜利由我自己创造，失败挫折由我自己承担。

因为我是自己的主宰，所以我能深刻了解自己。由于我认识自己，所以我能喜欢自己，接纳自己的一切，进而将自己最好的一面呈现出来。

然而人多少会对自己产生疑惑，内心总有一个连自己也无法理解的角落；但只要我多支持和关爱自己，我必定能鼓起勇气和希望，为心中的疑问找到解答，并将更进一步地了解自己。

我必须接受自己的所见所闻、一言一行、所思所想，因为这是我自己真实的感受。之后我可以回头审视这些发自内心的行为，若有不适宜之处，便加以纠正；若有可取之处，则应继续保持。

我身心健全，能自食其力。我愿发挥自身潜能，并关怀他人，为创造一个更美好的世界贡献一分力量。

我能掌握自己，做自己的主宰。

我就是我，世界上不会有第二个我。

心理测试

性格倾向测试

本测验共 50 道题，请根据你自己的实际情况做出回答，符合的，则把该问题后面的"是"圈起来；不符合的，则把"否"圈起来；难以回答的，则把"?"圈起来。

1. 我与观点不同的人也能友好往来。   A 是   B 否   C ?
2. 我读书较慢，力求完全看懂。   A 是   B 否   C ?
3. 我做事较快，但较粗糙。   A 是   B 否   C ?
4. 我经常分析自己、研究自己。   A 是   B 否   C ?
5. 生气时，我总是不加抑制地把怒气发泄出来。   A 是   B 否   C ?
6. 在人多的场合我总是力求不引人注意。   A 是   B 否   C ?
7. 我不喜欢写日记。   A 是   B 否   C ?
8. 我待人总是很小心。   A 是   B 否   C ?
9. 我是个不拘小节的人。   A 是   B 否   C ?
10. 我不敢在众人面前发表演说。   A 是   B 否   C ?
11. 我能够做好领导团体的工作。   A 是   B 否   C ?
12. 我常会猜疑别人。   A 是   B 否   C ?
13. 受表扬后我会工作得更加努力。   A 是   B 否   C ?
14. 我希望过平静轻松的生活。   A 是   B 否   C ?
15. 我从不考虑自己几年后的事情。   A 是   B 否   C ?
16. 我常会一个人想入非非。   A 是   B 否   C ?
17. 我喜欢经常变换学习内容。   A 是   B 否   C ?
18. 我常常回忆自己过去的生活。   A 是   B 否   C ?
19. 我很喜欢参加集体娱乐活动。   A 是   B 否   C ?
20. 我总是三思而后行。   A 是   B 否   C ?
21. 使用金钱时我不精打细算。   A 是   B 否   C ?
22. 我讨厌在我学习时有人在旁边观看。   A 是   B 否   C ?
23. 我始终以乐观的态度对待人生。   A 是   B 否   C ?
24. 我总是独立思考回答问题。   A 是   B 否   C ?
25. 我不怕应付麻烦的事情。   A 是   B 否   C ?

26. 对陌生人我从不轻易相信。　　　　　　A 是　B 否　C ？

27. 我几乎从不主动制订学习计划。　　　　A 是　B 否　C ？

28. 我不善于结交朋友。　　　　　　　　　A 是　B 否　C ？

29. 我的意见和观点常会发生变化。　　　　A 是　B 否　C ？

30. 我很注意交通安全。　　　　　　　　　A 是　B 否　C ？

31. 我肚子里有话藏不住，总想对别人说出来。A 是　B 否　C ？

32. 我常有自卑感。　　　　　　　　　　　A 是　B 否　C ？

33. 我很注意自己的服装是否整洁。　　　　A 是　B 否　C ？

34. 我很在意别人对我有什么看法。　　　　A 是　B 否　C ？

35. 和别人在一起的时候，我的话总比别人多。A 是　B 否　C ？

36. 我喜欢独自一个人在房内休息。　　　　A 是　B 否　C ？

37. 我的情绪很容易波动。　　　　　　　　A 是　B 否　C ？

38. 看到房间里杂乱无章，我就静不下心来。A 是　B 否　C ？

39. 遇到不懂的问题我就去问别人。　　　　A 是　B 否　C ？

40. 旁边若有说话声或广播声，我就无法静下心学习。A 是　B 否　C ？

41. 我的口头表达能力还不错。　　　　　　A 是　B 否　C ？

42. 我是个沉默寡言的人。　　　　　　　　A 是　B 否　C ？

43. 我很快就能熟悉新环境。　　　　　　　A 是　B 否　C ？

44. 要我同陌生人打交道，我常感到为难。　A 是　B 否　C ？

45. 我常会过高地估计自己的能力。　　　　A 是　B 否　C ？

46. 我遭遇失败后总是忘却不了。　　　　　A 是　B 否　C ？

47. 我感到脚踏实地地干比探索理论原理更重要。A 是　B 否　C ？

48. 我很关注同伴们的学习成绩。　　　　　A 是　B 否　C ？

49. 比起读小说和看电影，我更喜欢郊游和跳舞。A 是　B 否　C ？

50. 买东西时，我常常犹豫不决。　　　　　A 是　B 否　C ？

▶ **计分与评价** ◀

题号为单数的题目：A 为 2 分，C 为 1 分，B 为 0 分；

题号为双数的题目：A 为 0 分，C 为 1 分，B 为 2 分。

最后将各道题的分数相加，总和即为你的性格倾向性指数。

0～19 分为内向；20～39 分为偏内向；40～59 分为中间型；60～79 分为偏外向；80～100 分为外向。

（叶婕妤．性格与命运．北京：人民日报出版社，2005）

心灵感悟

第二节　超越自卑

心理测试

你是位冒险家，某次你到一地下室探险。地下室有一道门，门紧闭着。你不能接近，因为门会将你弹开，你留意到门上有美丽的雕刻，你认为门上所刻的是哪种图案？

A. 美丽的女神；

B. 有刺的树枝；

C. 咒文；

D. 大力士。

选 A：你对自己的外表感到自卑，自认为长得不漂亮又不懂得穿衣打扮。其实穿衣只要穿出自己的个性和感觉就好，你何必自卑呢？

选 B：有刺树枝代表你对自己的性格感到自卑，你认为自己的性格充满弱点。既然知道自己有缺点，努力改正就行了。

选 C：咒文代表知识与学习，说明你自觉书读得少又缺乏常识。建议你不妨利用空闲时间进修一下，充实自己。

选 D：大力士象征运动，说明你对自己的运动表现感到自卑。其实没关系的，每个人的天赋不同，你应该善于发现自己擅长的东西。

（化雨．测试心灵的晴雨表．北京：中国戏剧出版社，2005）

个案分析

我是一个普通得不能再普通的学生，学习成绩虽然不是班里最差的，但考上大学的希望很渺茫。平时在班级里我好像是一个被遗忘的人，不是我不愿意跟同学交流，只是我总害怕自己说出的话不够幽默，让大家觉得我没意思，又怕自己说错了什么，被他们嘲笑一通。我常常为自己的将来发愁，总觉得自己不会做出什么很大的事业，十有八九像老爸老妈那样，平平淡淡、柴米油盐地过一辈子。我真的好羡慕那些学习好的同学，他们有着海阔天空的前景，总是非常自信，是同学和老师关注的焦点，他们好幸福。我也羡慕那些有钱人家的孩子，爸妈有钱有势，当然什么都不用想，每天都可以很潇洒、很悠闲地活着。我恨自己为什么这么笨，为什么上天这么不公平，把这么多优秀的基因和优越的条件都给了别人……

你觉得"我"的根本问题是：_____

_____

你给"我"的建议是：_____

_____

（崔丽娟. 高中生心理健康教育读本：学生用书. 合肥：安徽科学技术出版社，2004）

心理游戏

游戏一

请和你的同伴一起完成这个游戏。请一位体重适宜（60千克左右）的同学躺在桌上，其他同学站在桌子周围（人数不限），每人只能用两根手指，不可用手掌及手的其他部位，看能不能把中间这个人抬起来。

注意事项:

要把人平稳放下后才能松手,不能擅自松手;须将人抬起,其身体要离开桌面,不能用手掌或其他部位支撑;每个人只许用两根手指。

(周隽.心理游戏.广州:广东教育出版社,2002)

游戏二

请将你的双手掌心相对合在一起,手指并拢,使你左右手的中指保持在同一高度,然后以手掌底部为轴,左右手稍微分开。现在,请你闭上眼睛,在心里默念左手(或右手)手指变长,并在脑海中想象手指变长的情形。

请坚持一两分钟,好了,请你睁开眼睛,再将双手合拢,你发现你的手指有什么变化吗?

(周隽.心理游戏.广州:广东教育出版社,2002)

心理视窗

如何克服自卑心理

自卑是一种消极的自我评价或自我意识。自卑感是个体对自身能力和品质评价偏低的一种消极情感。自卑感的产生,其根源就是人们不喜欢用现实的标准或尺度来衡量自己,而相信或假定自己应该达到某种标准或尺度,如"我应该如此这般""我应该像某人一样"等。这种追求大多脱离实际,只会滋生更多的烦恼和自卑,使自己更加抑郁和自责。那么有什么办法可以帮助人们摆脱自卑,走向自信呢?我们可以用补偿心理超越自卑。

补偿心理是一种心理适应机制,个体在适应社会的过程中总有一些偏差,想要得到补偿。从心理学上看,这种补偿,其实就是一种"移位",即为克服自己生理上的缺陷或心理上的自卑,而发展自己其他方面的长处、优势,以赶上或超过他人的一种心理适应机制。正是这一心理机制的作用,使自卑感成了许多成功人士成功的动力,成了他们超越自我的"涡轮增压",而"生理缺陷"愈大的人,他们的自卑感也愈强,寻求补偿的愿望就愈大,成就大业的本钱就愈多。

解放黑人奴隶的美国总统林肯，出生在一个贫苦的家庭，他觉得自己面貌一般，言谈举止缺乏风度，他对自己的这些缺陷十分敏感。为了补偿这些缺陷，他力求从教育方面来汲取力量，拼命自修以克服早期的知识贫乏和孤陋寡闻。他在烛光、灯光、水光前读书，尽管眼眶越陷越深，但知识的营养却对他自身的缺陷做了全面补偿。他最终摆脱了自卑，并成为做出杰出贡献的美国总统。贝多芬听觉有缺陷，耳朵全聋后还克服困难写出了令人震撼的《第九交响曲》，他的名言——"人啊，你当自助"成为许多自强不息者的座右铭。

在补偿心理的作用下，自卑感具有使人前进的反弹力。由于自卑，人们会清楚甚至过分地意识到自己的不足，这就促使其努力学习别人的长处，弥补自己的不足，从而使其性格受到磨砺，而坚毅的性格正是获取成功的心理基础。

自卑能促使人走向成功。人道主义者威特·波库指出，在每个人的内心深处都有一种灵性，凭借这一灵性，人们得以建立许多丰功伟业。这种灵性是潜藏于每个人内心深处的一股力量，即维持个性、对抗外来侵犯的力量。它就是人的"尊严"和"人格"。人们为了维护自己的尊严和人格，就要求自己克服自卑心理，战胜自我。因此，令人难堪的种种因素往往可以成为发展自己的跳板。一个人的真正价值，取决于能否从自我设置的陷阱里跳脱出来。而真正能够解救我们的只有我们自己，即所谓"上帝只帮助那些能够自救的人"。

强者不是天生的，也并非没有软弱的时候，强者之所以成为强者，在于他善于战胜自己的软弱。一代球王贝利初到巴西最有名气的桑托斯足球队时，他害怕那些大球星瞧不起自己，竟紧张得一夜未眠，他本是球场上的佼佼者，却无端地怀疑自己、惧怕他人。后来他设法在球场上忘掉自我、专注踢球，保持一种泰然自若的心态，从此便以锐不可当之势进了一千多个球。球王贝利战胜自卑的过程告诉我们：不要怀疑自己、贬低自己，只要勇往直前，付诸行动，就一定能走向成功。久而久之，就会从紧张、恐惧、自卑的情感中解脱出来。因此，不甘自卑，发愤图强，积极补偿，是医治自卑的良药。

心理补偿是一种使人转败为胜的机制，如果运用得当，将有助于人生境界的拓展。但应注意两点：一是不可好高骛远，追求不可能实现的补偿目标；二是不要受赌气情绪的驱使。只有积极的心理补偿，才能激励自己达成更高的人生目标。

不要让自己贬值

在一次讨论会上，一位著名的演说家没讲一句开场白，手却高举着一张20美元的钞票。面对会议室里的200个人，他问："谁要这20美元？"一只只手举了起来。

他示意大家放下手，接着说："我打算把这20美元送给你们中的一位，但在这之前，请准许我做一件事。"他说着将钞票揉成一团，然后问："谁还要？"仍有人举起手来。

他再次让大家放下手，又说道："那么，假如我这样做又会怎么样呢？"他把钞票扔到地上，又踏上一只脚，并且用脚碾压它。而后他拾起钞票，钞票已变得又脏又皱。"现在谁还要？"还是有人举起手来。

"朋友们，你们已经上了一堂很有意义的课。无论我如何对待那张钞票，你们还是想要它，因为它并没有贬值，它依旧值20美元。人生路上，我们会无数次被自己的决定或碰到的逆境击倒、欺凌，甚至被碾得粉身碎骨。我们觉得自己似乎一文不值。但无论发生什么，或将要发生什么，我们永远不会丧失自己的价值，我们依然是无价之宝。因此，我们每个人都要有自信，相信自己的价值。我们的价值取决于我们每个人本身——永远不要忘记这一点！"

（良石. 改变一生的智慧. 延吉：延边大学出版社，2005）

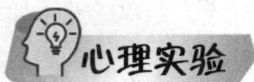

有人曾经做过一个实验：他往一个玻璃杯里放进一只跳蚤，发现跳蚤立即轻易地跳了出来。再重复几遍，结果还是一样。根据测试，跳蚤跳的高度一般是它身体长度的400倍左右，所以跳蚤称得上是动物界的跳高冠军。

接下来，实验者再次把这只跳蚤放进杯子里，不过这次是立即在杯上加了一个玻璃盖，"嘭"的一声，跳蚤重重地撞在玻璃盖上。跳蚤十分困惑，但是它不会停下来，因为跳蚤的生活方式就是"跳"。一次次被撞，跳蚤开始变得聪明起来，它开始根据盖子的高度来调整自己所跳的高度。再过一阵子，实验者发现这只跳蚤再也没有撞到这个盖子，而是在盖子下面自由地跳动。一天后，实验者开始把盖子轻轻拿掉，跳蚤不知道盖子已经去掉了，还是按原来的那个高度继续跳。

一周以后，这只可怜的跳蚤还在这个玻璃杯里不停地跳着——它已经无法跳出这个玻璃杯了，从一只跳蚤变成了一只可悲的"爬蚤"！

心灵鸡汤

我很重要

我很重要，我要对全世界说。

即使我没有任何优点，纵然我没有任何伟大的贡献。作为一个破旧的蝶蛹，与一只艳美的蝴蝶相比，我不重要；作为一朵细小的野菊，与一朵完美无缺的牡丹相比，我不重要；作为一名超平凡的普通人，与极具伟绩的英雄人物相比，我不重要。我真的不重要吗？艳美的蝴蝶从破旧的蝶蛹中钻出，完美无缺的牡丹需要细小残缺的野菊映衬，伟岸的英雄人物依靠的是平凡的普通人的支持，我不重要吗？不！我很重要，我要对全世界人说。

我很重要，我敢对全世界说。

对于我的父母，我永远是他们不可重复的唯一，无论他们有多少儿女，我永远都是独特的一个，我的喜怒哀乐成了他们的大部分。他们也有梦，但仍将一生给我用，我就是他们的全部希望。面对这至亲至上的爱，我敢说我不重要吗？我能说我不重要吗？不！我不敢，我不能。我很重要，我敢对全世界说。

我很重要，我小声地对全世界说。

我知道世界并非唯我独尊，但我也知道，世界没有人能代替我。正如我不能代替别人。我很重要，即使我的身份很低微，地位渺小，但这也不意味着我不重要。不管如何，我很重要，至少在我心里是这样。我敢，我可以小声地对全世界说。

重要并不代表伟大，但平凡也不代表不重要。让我们高声地对这美丽的世界说，我很重要！

（摘自《中学生心理》）

如果你认为

[美] 希夫·凯拉

如果你认为你被打败了，那你就是被打败了。
如果你认为你不敢，那么你就是不敢。
如果你想取胜，却认为你赢不了，
那么几乎可以肯定，你将不会取胜。

如果你认为你将失败，你就确实失败了。
因为我们发现，在世界上，
成功开始于一个人的美好愿望，
取决于一个人的心理状态。

如果你认为你是出色的，那么你就是出色的。
你要相信自己能飞得很高；
你要相信，
自己能做到最好。

在生活的战场上，
并不是强壮或聪明的人取胜。
但最终取胜的人，
一定是那些认为自己能胜的人。

心理测试

你自卑吗

1. 你觉得像自己这样的年龄，身高应该更高一些吗？　　是（　）否（　）
2. 你觉得自己的身体不够强壮吗？　　　　　　　　　　是（　）否（　）
3. 你是否不太喜欢镜子中看到的自己？　　　　　　　　是（　）否（　）
4. 你对自己的容貌满意吗？　　　　　　　　　　　　　是（　）否（　）

5. 别人给你拍照时，你对拍出使你满意的照片有信心吗？ 是（ ） 否（ ）

6. 你觉得自己比其他人笨一些吗？ 是（ ） 否（ ）

7. 你相信自己十年后会比其他人过得好吗？ 是（ ） 否（ ）

8. 你是否常被人家挖苦？ 是（ ） 否（ ）

9. 很多同学看上去不太喜欢你，是吗？ 是（ ） 否（ ）

10. 你常常有"又失败了"的感觉吗？ 是（ ） 否（ ）

11. 你的老师对你的学习成绩感到失望吗？ 是（ ） 否（ ）

12. 做错事之后，你常常会很快忘却吗？ 是（ ） 否（ ）

13. 与同学在一起的时候，你的话是否不如他们的多？ 是（ ） 否（ ）

14. 你经常在心里默默祈祷吗？ 是（ ） 否（ ）

15. 你认为自己使父母感到失望吗？ 是（ ） 否（ ）

16. 你是否经常回想并检讨自己过去的不良行为？ 是（ ） 否（ ）

17. 当与别人闹矛盾时，你总是责怪自己吗？ 是（ ） 否（ ）

18. 你是否不喜欢自己的性格？ 是（ ） 否（ ）

19. 别人讲话时，你经常打断他们吗？ 是（ ） 否（ ）

20. 你是否从不主动向别人挑战？ 是（ ） 否（ ）

21. 做某件事时，你常常缺乏成功的信心吗？ 是（ ） 否（ ）

22. 即使不同意对方的观点，你也不习惯当面提出反对意见，是吗？

是（ ） 否（ ）

23. 你是否自甘落后？ 是（ ） 否（ ）

24. 你对未来充满信心吗？ 是（ ） 否（ ）

25. 在班级里，你对自己的成绩进入前几名不抱希望吗？ 是（ ） 否（ ）

26. 参加体育运动时，你总是感觉自己不行了吗？ 是（ ） 否（ ）

27. 遇到困难时，你常常采取逃避的态度吗？ 是（ ） 否（ ）

28. 当你提出的观点被人反对时，你是否马上会怀疑自己的正确性？

是（ ） 否（ ）

29. 如果别人没有征询你的看法，你会主动发表自己的意见吗？

是（ ） 否（ ）

30. 对别人反对你做的各种事情，你还是充满自信吗？ 是（ ） 否（ ）

评分规则与解释

第 4、7、12、19、24、29、30 题答"是"记 0 分，答"否"记 1 分。其余各题答"是"记 1 分，答"否"记 0 分。把各题得分相加，统计总分。

总分在 0~5 分：你充满了自信，只是要注意别自满和自负。

总分在 6~10 分：总的来说你并不自卑。但当环境出现变化时，你也会感到有些难以适应，对自己的能力有所怀疑。一般情况下，你最终能够恢复自信。

总分在 11~20 分：只要一遇到挫折，你就会感到自己不行。你最好降低一下自己的期望值，调整自己追求的目标，以便从每次小的进步中享受成功的欢乐，逐步建立自信。

总分在 21~30 分：自卑感时时伴随你，几乎成为你的性格弱点，必须设法克服这个弱点。

心灵感悟

第三节　悦纳自我

心理故事

坦然接受独一无二的自己

有一个女孩子，她做梦都想当歌手，可是她非常厌恶自己的容貌。每次照镜子，她都为镜中那宽大的嘴巴和龅牙感到伤心。有一次，在学校的联欢会上，她首次展现自己的容貌和歌喉，她感到十分紧张，唯恐同学们注意到自己不美观的牙齿。她在台上将上嘴唇紧紧抿着，极力地摇晃身体，希望借此吸引观众。结果却弄巧成拙，掌声稀稀拉拉，很显然，她失败了。在联欢会的来宾席上有一位音乐家，听了她的歌声，认为她具有歌唱才能，于是来到后台对她说："刚才在台上你做的一切动作，我都看得清清楚楚。你尽量抿着上唇不使龅牙露出来。你真的以为自己的牙齿不好看吗？"听了这番话之后，这个女学生眼睛忽地一闪，似有所悟。音乐家不客气地继续说："人的美丑并没有统一的衡量标准，龅牙是不是一定丑呢？更何况这又不是你的罪过，何必隐瞒呢？你为了掩饰自己的牙齿，故意矫揉造作，肯定不会成功。你还是尽管张大嘴巴，放声唱吧！大家看到你毫不怯场、应付自如的表演，一定会喜欢上你的。"这个女学生接受了音乐家的劝告，每逢在众人面前表演，都尽情地张开嘴巴放声歌唱。不久以后，她成了大歌星，她的舞台形象被许多演员效仿。

（贾玉虎．心灵10游戏．北京：北京海潮出版社，2004）

心理游戏

优点大轰炸

小组成员围成一个圆圈，每位同学各自填写表格。然后每位同学依次站到小组中间，接受小组其他同学的优点轰炸，即把这位同学的优点大声说出来。注意：不能取笑别人，不能颠倒是非，要客观、实事求是。

我的优点

1. 生理上的优点	
2. 心理上的优点	
3. 学习工作上的优点	

（续上表）

4. 父母认为我的优点	
5. 老师认为我的优点	
6. 同学朋友认为我的优点	
7. 我还有其他的优点	

请在我背上留言

每个人拿出一张纸，在纸的最上面写下自己的姓名和对留言者说的一句话。相互帮助用大头针把纸固定到自己的后背上，然后在同学的后背上写留言。留言过程中，同学们不能说话，要用非语言形式进行交流，留言内容是你对这个人的认识，包括优点、缺点以及建议，还可以写上自己最想对他说的一句话，不用记名，直到活动结束后才可以把纸拿下来。每个同学都要本着真诚、客观、负责的态度来参与这个游戏。

我欣赏……

请在横线上填写同学的姓名以及他身上的品质、能力等优点。

例：_____ 的 _____　　_____ 的 _____

_____ 的 _____　　_____ 的 _____

_____ 的 _____　　_____ 的 _____

_____ 的 _____　　_____ 的 _____

_____ 的 _____　　_____ 的 _____

_____ 的 _____　　_____ 的 _____

心理视窗

如何悦纳自我

自我悦纳是指个体能正确评价自己、接受自己，并在此基础上使自我得到良好的发展。悦纳自我包括三个方面：第一，接受自己的全部，无论优点还是缺点，无论成功还是失败；第二，无条件地接受自己，接受自己的程度不因自己是否做错事而改变；第三，喜欢自己，肯定自己的价值，且有愉快感和满足感。只有真正地做到如此，我们才能真正地悦纳自我、认识自我。

一个人能悦纳自己，并不意味着他的一切都是完美的，而是说他在接受自己优点的同时，也了解自己的缺点，很坦然地承认了自己的不足。之后，不断克服缺点，注意自我形象塑造，把握自己做人的准则，不断完善自己，更加自信地面对生活，从而走向成功。

悦纳自我是心理健康的表现。当你快乐地接受了自己，你的整个心胸便会舒展和开阔，同时你会发现，你也更加容易接受他人了。良好的自我悦纳可以有效地缓解发展中的矛盾冲突，使个体得到健康发展。马斯洛的需要层次理论认为：人有自尊的需要，这是仅次于自我实现需要的第二高层次的需要。自我悦纳即能产生高自尊。

那么，如何做到悦纳自我呢？

（1）应该勇敢地接受自己的缺点、不足和缺陷。每个人都有自己不完美的地方，接受自己的不完美，每天给自己一个完美的笑脸。

（2）每天想一次自己的优点和长处，并发扬这些优点和长处。

（3）当取得成功的时候，尽情体验自己的喜悦，并与他人分享。

（4）悦纳自我，就是欣然地接受自我。

（5）客观地评价自己。

喜欢自己

我们都喜欢照镜子，科学家们发现女孩子照镜子和男孩子照镜子时的感觉并不一样。男孩子在镜子面前自我欣赏，而女孩子关心的则是从镜子里看看别人眼中的"我"是什么样的。虽然出发点不同，但在关注自己这一点上却是共同的，不过有的人关注自己，却并不喜欢自己。

那么，喜欢自己是不是很重要呢？答案是肯定的。心理学家告诉我们，除非我们确实喜欢上自己，否则我们无法喜欢上别人。怨恨一切事物和每一个人的人，会更加表现出自我挫折感和自我厌恶感。

心理健康的一个重要标志就是喜欢你自己、接纳你自己。我们每个人都有自己的优点和长处，也都有自己的弱点和短处。因为我们生活在社会中，所以我们通过完成社会工作（在学生时代主要是学习）的结果来知觉自己身上的特长和不足。因此，随着我们社会化程度的不断提高，得到的信息会越来越多，我们逐渐会有一个恰当的、客观的、全面的自我评价，既不会因为自己某方面的能力缺陷而怀疑自己的全部能力，也不会盲目估计自己的能力，忽视补偿自己的不足。

喜欢自己的第一步就是不再以别人的标准来判断自己，而是建立起自己的价值观，然后付诸生活。同时必须学会接纳，减少不必要的自我责备。

有了自我接受，你会用一种欣赏的眼光去注意你周围的每一个人。你会发现，他们身上有许多可爱和闪光的地方值得你赞美和学习。你不再需要虚假的幻想世界，你踏踏实实地选择了现实，真心和每个人交往，在你接纳了自己和他人的同时，社会也接纳了你。

[晓剧. 一切从喜欢自己开始. 中学生百科，2003（9）：34－35]

欣赏自我

也许你想成为太阳，可你却只是一颗星星；
也许你想成为大树，可你却只是一株小草；
也许你想成为大河，可你却只是一泓山溪；
于是，你很自卑。
很自卑的你必定以为命运在捉弄自己。
其实，人何必这样：
欣赏别人的时候，一切都好；
审视自己的时候，却总是很糟。
和别人一样，你也是一道风景，

也有阳光，也有空气，

所有寒来暑往，

甚至有别人未曾见过的一棵棵春草，

甚至有别人未曾听过的一阵阵虫鸣……

做不了太阳，就做星辰，

　　——在自己的星座发热发光；

做不了大树，就做小草，

　　——以自己的绿色装点希望；

做不了伟大，就做实在的自我，

平凡并不可卑，做最好的自己。

不必总是欣赏别人，

也欣赏欣赏自己，

你会发现：

天空一样高远，大地一样广大，

　　——自己与别人一样活法。

走向实现，走向超越，全靠自我！

走向成功，走向辉煌，全靠自我！

第四节 我的选择

心理故事

最大的财富

有一个年轻人总是埋怨自己运气不好，发不了财，于是终日愁眉不展。

一天，来了一位满头银发的老人，看见这个不开心的年轻人，就关切地问他："你为何这么不高兴呢？"

"我很穷。"年轻人叹了一口气。

"穷？你很富有嘛。"

年轻人不解地看着老人。

"斩掉你一根手指头，给你1 000元，干不干？"

"不干。"

"砍掉你一只手，给你1万元，干不干？"

"不干。"

"让你双眼变瞎，给你10万元，干不干？"

"不干。"

"让你马上变成80岁的老人，给你100万元，干不干？"

"不干。"

"给你1 000万元，让你马上就死，干不干？"

"不干。"

"你看，你已经有了超过1 000万元的财富，为什么还在哀叹自己贫穷呢？"

看了这则故事，你有什么感想呢？

（周隽．心理游戏．广州：广东教育出版社，2002）

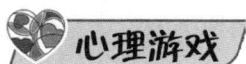

心理游戏

价值大拍卖

　　人的一生是由无数次的选择构成的。不同的选择，把人们导向不同的路途和方向，使各自的人生呈现出不同的色泽和价值，最终收获不同的果实。今天，我们进行一场价值拍卖会，在爱情、友情、健康、美貌、亲情、权力、自由、爱心、财富、欢乐、安全、大学毕业证书这些东西面前，同学们是怎样选择的呢？请一位同学当"拍卖师"，假设每个同学有 10 000 元（道具钱），你们可以随意买下表中的东西。每样东西都有底价，每次出价以 500 元为单位，价高者得到东西，有出价 10 000 元的，立即成交。

1. 爱情	500	5. 亲情	1 000	9. 财富	1 000
2. 友情	1 000	6. 权力	500	10. 欢乐	1 000
3. 健康	1 000	7. 自由	1 000	11. 安全	500
4. 美貌	500	8. 爱心	1 000	12. 大学毕业证书	1 000

　　（1）你买到了你想买的东西吗？
　　（2）你有没有后悔得到你所买的东西？为什么？
　　（3）假如你现在已经走到人生的尽头，请你看看手中所有的东西，它们对你来说是否仍有意义？

生存选择

　　假如地球上爆发了核战争，人类将要灭亡。但是，一位科学家发明了一个特别的核保护装置，谁能进入其中，谁就能生存下去。现在有 15 个人，但是核保护装置、生化水、食品和空间有限，只能容纳 6 个人。也就是说，全人类只能有 6 个人生存下去。请你决定谁应该活下去，谁只能面对死亡，并排出先后次序以及说明你这样排列的原因。

　　A. 小学教师　　　　　　B. 怀孕的妇女
　　C. 足球运动员　　　　　D. 12 岁的小女孩
　　E. 优秀的警察　　　　　F. 著名的作家

G. 外科医生　　　　　　　　H. 一位可以使粮食大幅增产的农业专家

I. 有名的演员　　　　　　　J. 一位生病的老人

K. 一位有钱的富翁　　　　　L. 公正的法官

M. 一位慈善活动家　　　　　N. 一位掌握核技术机密的军事专家

O. 一位成功的画家

排序：＿＿＿＿＿ ＿＿＿＿＿ ＿＿＿＿＿ ＿＿＿＿＿ ＿＿＿＿＿ ＿＿＿＿＿

请说明你排此顺序的原因：＿＿＿＿＿＿＿＿＿＿＿＿＿＿＿＿＿＿＿

（叶斌．心理．上海：华东师范大学出版社，2004）

心理视窗

怎样培养正确的价值观

价值观是指一个人对于人、事、物的看法或原则。凡是自己觉得重要的、想追求的就是自己的价值观，它是我们生活中的信条、情感指向和动力，也是行为的指挥官。一个人愈清楚自己的价值观，生活目标就愈清晰。面对亲情、爱情、财富、权力、地位，你会如何选择呢？当价值观发生冲突，鱼与熊掌不可兼得时，不同的价值观会导致不同的行为选择。

"我哪有什么财富呢？作为一个年轻人，买不起车，买不起房，日子过得紧巴巴的，你看人家……"经常有人发出这样的感慨。其实是我们对财富理解片面了，财富并不只是权力、金钱，它们只是财富中比较引人注目的几种而已。

俗话说得好："三穷三富不到老。"人的一生如潮起潮落，起伏难定，在潮头风光时要看到落到潮底的危险性，在潮底的时候则要有向高峰冲击的信心和行动。邓小平一生三起三落，当年人们"批邓"时，谁会想到若干年后，他为中国设计出了一幅崭新的蓝图呢？比尔·盖茨中途退学时，谁会想到他能成为世界首富呢？这样的例子数不胜数，世界上什么样的奇迹都有可能发生，其前提只有一点：我还活着，我要努力行动，我有信心，这是人一生中最宝贵的财富。

第二个重要的财富就是我们今天所拥有的一切，请万分地珍视它们！你没什么大出息，可是你毕竟毕业了，准备就业，前途光明。家很温暖——这份亲情是财富，终生值得珍惜。虽然你没有发财，但没有去偷、去抢、去骗、去胡作非为，勤俭持家；虽然不富裕，可还是乐于助人，亲戚关系融洽，同事、朋友们喜欢与你在一起——这种善良品德、气节操守、为人处世之道也是你弥足珍贵的财富。我们也许没觉察到它们的重要性，但它们终究会给你一份回报。

第三，你的抱怨表明你对现状有所不满，你在试图改变它们，在追求你想要的东西。这种欲望、上进心也是财富。也许现在的不如意、逆境、挫折乃至苦难都让你觉得难过，但这都是你的财富！古今中外，凡成就大事业者，无一不是从苦难中走来的。在逆境中，我们会经受各种考验与锤炼，百炼成钢，成就我们非凡的意志和能力，"苦其心志，劳其筋骨……增益其所不能"。逆境并不可怕，可怕的是你把它看成结局而不是过程。

幸福的感觉

从前有一个已近迟暮之年的富翁，一次到海边散步时看到一个渔夫在晒太阳，就问道："你为什么不打鱼呢？"

"打鱼干什么？"渔夫反问。

"挣钱买大渔船呀！"

"买大渔船干什么？"

"用大渔船捕了很多鱼，你就会成为富翁了。"

"成了富翁又怎样？"

"你就不用打鱼了，可以幸福自在地晒太阳啦。"

"我不正在晒太阳吗？"

富翁哑然。

每个人对幸福都有不同的理解，也有不同的标准。金盘银匙、锦衣美食的人，未见得就幸福；粗衣布履、粗茶淡饭的人，也未见得就不幸。那些我们以为活得很平庸的人，可能很幸福。

幸福是一种感觉，你感觉到了，便是拥有。幸福与金钱、权力、地位不一定成正比。富翁不见得就比晒太阳的渔夫更幸福，人人都可以拥有属于自己的幸福。

心灵鸡汤

钱可以买到"房屋"，但买不到"家"；

钱可以买到"药物"，但买不到"健康"；

钱可以买到"美食"，但买不到"食欲"；

钱可以买到"床"，但买不到"睡眠"；

钱可以买到"珠宝"，但买不到"美"；

钱可以买到"娱乐"，但买不到"愉快"；

钱可以买到"书籍"，但买不到"智慧"；

钱可以买到"谄媚"，但买不到"尊敬"；

钱可以买到"奢侈品"，但买不到"文化"；

钱可以买到"权势"，但买不到"威望"；

钱可以买到"服从"，但买不到"忠诚"；

钱可以买到"躯壳"，但买不到"灵魂"；

钱可以买到"虚名"，但买不到"实学"；

钱可以买到"小人的心"，但买不到"君子的志"。

是啊，钱可以买许多东西，但是，金钱并不是万能的，要知道，还有许多东西用钱是难以买到的，而且钱买不到的东西往往价值更高。

（孙淡宁. 农妇随笔选. 长沙：湖南文艺出版社，1987）

心理测试

价值观测试

这里是一些有关生活、学习和工作的问题，请你根据自己的真实想法做出选择。注意，真实非常重要。本测验的答案没有"正确"与"错误"之分。填写的方法是：在两种情境中必选一种，并将该选项打钩。

1. 很早就想去一个地方，目前各方面都准备好了，这时你会_____

（1）赶快制订计划。

（2）想走就走。

2. 假日正想做自己的事，但刚好有个赚钱的机会，这时你会_____

（3）还是按预定计划行事。

（4）接受赚钱的机会。

3. 电视出故障的时候，你会_____

（5）不看也罢，还是放着。

（6）马上请人修理。

4. 当你独坐公园，见情侣亲热，这时你会_____

（7）觉得他们真羞耻。

（8）心想何必在这个地方。

5. 欲搭乘 9：00 的火车，这时你会_____

（9）尽早出门。

（10）只要能赶上，不必那么急。

6. 拼命在做的事却做不好，这时你会_____

（11）停下来改做别的事。

（12）更拼命地做。

7. 杂志广告中，有报道你喜欢的歌星的文章，这时你会_____

（13）心想赶快买来看看。

（14）不一定非买不可。

8. 看书看到不懂的字，这时你会_____

（15）查字典。

（16）不在意地念过去。

9. 在街上突然遇到教过你的老师，这时你会_____

（17）向他打招呼。

（18）避开他的视线。

10. 聊天时，听到你认识的人与别人一起偷东西，这时你会觉得_____

（19）并不在乎。

（20）疑惑他怎么会做这种事。

11. 半夜听音乐，恰好有你喜欢的专辑，但要到明早 5：00 才结束，这时你会_____

（21）听完为止。

（22）为了不影响学习，而打消听的念头。

12. 当父母说"你是我们的依靠，要好好努力"时，你会_____

（23）觉得太烦人。

（24）不让父母担心，全力以赴。

13. 当你被老师说"我们对你有很大期望，你要努力地做"时，你会想_____

（25）非完成期望不可。

（26）反感老师的说法。

14. 假日逛街，其中有个朋友穿着流行的服装，你会_____

（27）也想穿，问朋友是哪里买来的。

（28）觉得赶潮流真无聊。

15. 坐在车内，前面有个老太太站着，这时你会_____

（29）依然坐在这个位子上。

（30）把座位让给她。

16. 接连几个假日，朋友找你去登山，但你觉得很累，你会_____

（31）不好意思拒绝，还是决定要去。

（32）拒绝。

17. 听到学校的同学得了奖，你会认为_____

（33）跟自己毫无关系。

（34）自己也以此为荣。

18. 和四五个朋友计划去旅行，这时你会_____

（35）让别人计划。

（36）自己筹划。

19. 听到认识的人因批评学校的教学而受到惩罚，你会_____

（37）觉得社会本来就是这样。

（38）感到愤慨。

20. 车内挂有禁烟标志，而有人在吸烟，这时你会_____

（39）非去告诉他不可。

（40）装作没看见。

21. 与交往的人一起犯了严重的错误，这时你会_____

（41）以义气为重，独自承担责任。

（42）详细说明情况，尽量让两人各自承担应承担的责任。

22. 在没有人的道路上捡到钱，这时你会_____

（43）想收起来。

（44）把它交到警察局。

23. 有人对你说："为了交通事故的遗孤，请你捐献一元钱也好。"这时你会_____

（45）照他说的马上捐款。

（46）不理睬地走过去。

24. 国际比赛中，裁判不公而引起了观众骚动，这时你会_____

（47）也和大家一起发泄。

（48）认为应该生气，但不应该使用暴力。

25. 整理书柜时，看到没用完的笔记本，这时你会_____

（49）认为没有用，把它丢掉。

（50）留下来，认为以后还可以用。

26. 班级有人正激烈谈论："人应该如何生活……"你会_____

（51）认为与我无关，不去听。

（52）认真听听他们说些什么。

分数统计方法

（1）将问卷里中选的选项编号与下表相对照，在中选题数一栏填入每种类型（踏实型、从众型、功利型、冷漠型）的总数。

（2）将中选题数与分值相乘，得到项目总分。例如，某同学在"从众型"一栏中选中了7、13、27，那么中选题数为3，项目总分是7.5。

（3）项目总分中得分最高的类型，就是你的价值观类型。

类型	踏实型	从众型	功利型	冷漠型
选项编码	1，3，6，8，9，14，15，17，20，22，24，25，28，30，32，34，36，38，39，44，48，50，52	7，12，13，21，27，31，41，45，47	4，10，19，29，37，42，43，49	2，5，11，16，18，23，26，33，35，40，46，51
每题分值	1	2.5	3.5	2
中选题数	23	9	8	12
项目总分	23	22.5	28	24

结果解释

踏实型：顺从社会规范，积极为社会服务。同时，有自律和内控的自我导向表现，重视传统和社会评价。

从众型：相当顺从社会规范，但这种顺从是一种他人导向的随波逐流，也有一种享乐主义、及时行乐的倾向，顺乎自然，生活方式倾于保守。

功利型：一种以自我为中心的功利主义，对于道义及人情这类价值不甚注意，认为金钱至关重要，追求个人利益，而不是公益。

冷漠型：不在乎社会规范，回避人际交往，也不注意他人的价值倾向，所持态度是"人不犯我，我不犯人"。

（宋专茂，陈伟．心理健康测量．广州：暨南大学出版社，2001）

第三章　人际交往

第一节　人际交往的技巧

个案分析

　　小韵是一所中等职业学校电商专业一年级学生，最近她很烦恼，因为她发现大家都不太爱搭理她，并渐渐地疏远她。远远地看见同学，她刚举起手想要打招呼，别人却拐了弯，当作没看到她。小韵非常不开心，发了一条短信给她最好的朋友小凡。小凡道出了原委：原来小韵经常将朋友 A 的事情说给朋友 B 听，经常打断朋友说话而插入自己的观点，经常重复性地谈及自己认为值得炫耀的事情而不管别人是否感兴趣，朋友们都觉得她太自我，不顾及别人的感受，也不值得信任，因此渐渐地疏离她。

　　你觉得小韵的根本问题是＿＿＿＿＿＿＿＿＿＿＿＿＿＿＿＿＿＿＿＿＿＿＿

　　＿＿＿＿＿＿＿＿＿＿＿＿＿＿＿＿＿＿＿＿＿＿＿＿＿＿＿＿＿＿＿＿＿＿＿

　　如果小韵向你求助，你的建议是＿＿＿＿＿＿＿＿＿＿＿＿＿＿＿＿＿＿＿＿＿

　　＿＿＿＿＿＿＿＿＿＿＿＿＿＿＿＿＿＿＿＿＿＿＿＿＿＿＿＿＿＿＿＿＿＿＿

心理游戏

双向沟通

请你准备一把剪刀，再拿一张薄一点的正方形的纸（信纸或单张餐巾纸均可，用过的平整的草稿纸也行），然后根据下面的提示行动。

（1）把这张纸上下对折；

（2）再把它左右对折；

（3）在对折好的纸的左上角剪掉一个直角边长为2厘米的等腰直角三角形；

（4）然后把这张纸左右对折；

（5）再上下对折；

（6）在右上角剪掉一个半径为2厘米的扇形。

现在请你将这张纸展开看一下，它的形状是什么样的呢？

换位思考

你带着五种动物一起到森林里去，它们分别是猴子、老虎、孔雀、狗和大象。可随着你的不断前进，你发现要同时带着它们变得越来越困难，情况逼迫你不得不逐一丢弃它们，最后只能留下一种动物陪你，你会如何抉择呢？

我首先丢掉_____，因为_____；

其次丢掉_____，因为_____；

再次丢掉_____，因为_____；

接着丢掉_____，因为_____；

最后留下_____，因为_____。

学会倾听

选择在和两三位朋友谈话、上课或听演讲时做这个游戏。游戏方法非常简单，你只需坐在说话者容易看到你的地方，静静地听对方讲话，但在他讲话的过程中，你得适时地稍微摇摇头或撇撇嘴。记住，你不可开口说话，摇头或撇嘴时不要太夸张，自然一些即可。请你观察一下对方的反应。过一段时间后，你只需适时地点点头或向说话者微笑，动作幅度可稍大一些。此时再观察一下对方，你会有什么新发现呢？

当我摇头或撇嘴时，说话者＿＿＿＿＿＿＿＿＿＿＿＿＿＿＿＿＿＿

当我点头和微笑时，说话者＿＿＿＿＿＿＿＿＿＿＿＿＿＿＿＿＿＿

（周隽．心理游戏．广州：广东教育出版社，2002）

赞美心

用不同的色彩比较鲜艳的纸剪成心形，心形纸的张数为 $n \times (n-1)$，n 为小组成员数。

（1）n 人一组，发给每位成员 $n-1$ 张彩色心形纸。

（2）每人必须分别在每张纸上写下这个小组其他成员的一个优点，一张纸只能写一个人。抬头写这个人的姓名，然后签上自己的名字。最后，分别送给每一个人。这样，每个人都能收到小组其他成员送的优点卡。

（3）收到卡片后，要向别人致谢。

（4）将自己最喜爱的卡片上的内容读出来与大家分享。

信　赖

将参加活动的所有学生排成两排，进行"石头、剪子、布"游戏，胜者组成一组并取名成功组，败者组成一组并取名强者组。先由强者组身体往后倒，并喊出口号：我相信你；成功组作支撑，也喊出口号：我支持你。然后互换角色。

心理故事

马云：超级沟通力成就了我

沟通，"沟"指的是信息交换，"通"则是指共识的达成。在我们的生活中，有"沟"没有"通"的对话比比皆是，你说你想说的，但听者却没有理解或不为所动。马云的"沟通力"不只强调"沟"，更强调"通"。马云认为，团队最关键的是要跟他们达到充分的沟通。

有一天，身在国外的马云正在候机。登上飞机后，马云花了 2 个小时写出一封长信，与入职不到 3 年的新员工谈心。其中有一段话是这样写的：

"我绝对没有那么可爱和具备吸引力，我深知自己这点水平和能力，我一定会让您失望，这我绝对保证。阿里也没有别人说的那么好，我们是一家这个时代运气很好的公司，我们是一群平凡得不能再平凡的人，我们在一起就是想一起做些不平凡的事。当然我们也没有外面某些人说的那么坏。我们只是一批年轻人，在做一件前人没有做过的事，我们在努力把现实和理想结合起来，我们在努力尝试，改变……"

马云非常重视与员工的沟通，并且他会通过各种方式和员工进行沟通。他一方面关注员工的心理变化，另一方面还不断地把自己的想法告诉员工。让员工始终记着公司的宗旨，使他们经得起诱惑，不骄傲，不自满，始终保持斗志昂扬的状态。

据阿里巴巴销售团队的员工说，马云经常在大家不留神的时候出现，和大家聊聊业务，听他们反映工作中遇到的困难。如果有员工在工作上遇到了困难，他会不动声色地给些启发；如果有员工心情不好，他会用自己的乐观情绪引导他们走出低沉。员工们都很喜欢这种方式，既不唐突，又能及时进行工作上的沟通。

根据现代管理的要求，团队内部的沟通有四大原则，作为领导者只有把握了这四大原则，才能成为合格的团队领袖。那么，管理者如何才能与员工进行有效的沟通呢？

（1）用恰当的方式去沟通。在企业中，由于员工的年龄、教育、背景的不同，他们对事情的理解程度以及对问题的处理方式等都会有所不同。作为管理者应注意到这种差别，争取获得所有员工的理解和认同。

（2）倾听也是一种沟通。水能载舟亦能覆舟，企业的发展离不开员工的辛苦工作。作为管理者，应该积极地听取员工的意见和建议。

（3）恰当地使用肢体语言。在沟通当中，适当地使用一些肢体语言，比如，赞许性的点头、积极的目光交流会使谈话呈现出更好的效果。如果员工认为你对他说的话很感兴趣，那么他就乐意向你提供更多的信息。

（4）懂得谦虚，放下架子。当领导者放下架子认真倾听时，员工自然愿意说出真实的想法，也愿意接受相关的建议和意见。相反，如果领导者抱着"我就是比你懂得多""我是来检查你工作的"这样的心态来与员工说话，那么员工可能就不会敞开心扉沟通了。

（刘志则，高佳奇.马云的超级沟通力：语言释放格局.石家庄：花山文艺出版社，2018）

心理测试

你是个受欢迎的人吗

每个人都希望自己成为一个受欢迎的人，通过下面的测试，可以帮助你了解自己，使你在生活中扬长避短。

1. 如果别人说你是个温和的人，你会_____

A. 认为：别人怎么说，我无所谓。

B. 认为：我的胆子实在太小了。

C. 暗暗地下决心：从今以后要更温和些。

2. 在公共汽车上，如果旁边的小孩又哭又闹，你会_____

A. 认为：真烦人.家长有办法制止他就好了。

B. 认为：真是拿小孩子没办法，什么也不懂。

C. 认为：教育孩子真不容易啊！

3. 和朋友发生了争论，回家之后，你一个人独处时，你会_____

A. 认为：当初我如果那样说就能驳倒对方了。

B. 认为：当时没有充分说明自己的想法。

C. 认为：人的想法真是各不相同，很高兴能有机会谈论自己的想法。

4. 当你突然遇到一个很会打扮的人时，你会_____

A. 说道："服装有什么必要去讲究呢？随便一点不是更好吗?"

B. 羡慕地说："我也那样会打扮就好了。"

C. 认为：装束能体现人的内心，那个人的内心世界一定很丰富吧！

5. 如果不是你的错，结果却给对方添了麻烦，你会_____

A. 认为：因为不是我的错，不道歉也可以。

B. 抱歉地说："实在没办法，对不起。"

C. 诚恳地赔礼道歉："不管怎样，是我给您添麻烦了。"

6. 如果别人说你是个别具一格的人，你会_____

A. 生气地认为：一定是在讽刺我。

B. 认为：不管怎样，别具一格是好事。

C. "我独特在哪里呢？"在考虑这个问题的同时，心中颇有些兴奋。

7. "人类只有相互帮助才能生存。"对于这个观点，你认为_____

A. 如果都为别人着想，那就不能生存。

B. 道理上是这么说，但人往往是自私的。

C. 要认真做到这一点也许很难，但我一定会努力去做。

8. 如果在谈话时，你朋友的优点受到别人的赞扬，你会_____

A. 那人果真这样吗？然后强调其缺点。

B. 问道：我该怎么说才好呢？

C. 一起赞扬道：我也这么认为。

9. 如果别人问你：你是受欢迎的人还是不受欢迎的人？你会_____

A. 置之不理。

B. 沉思片刻道：我究竟属于哪一种人呢？

C. 笑着说道：还算是受欢迎的。

10. 陌生人向你问路时，你会_____

A. 对他的行为做出评价。

B. 怕麻烦，告诉他不知道。

C. 告诉他详细的路线，并把他引向正确的方向。

计分

选 A 得 1 分；选 B 得 2 分；选 C 得 5 分。

说明

分数在 15 分以下：你是个幼稚、虚荣心强、惹人讨厌、不受欢迎的人。

分数为 15～25 分：你志趣向上，但自我意识过强、为人自负。不要以自我为中心，多考虑别人，多点儿谦虚。

分数在 25 分以上：属于深受他人欢迎的人。

（化雨．测试心灵的晴雨表．北京：中国戏剧出版社，2005）

心灵鸡汤

多一句赞美

几天前，我和一位朋友在纽约搭计程车，下车时，朋友对司机说："谢谢，搭你的车十分舒适。"司机听后愣了一愣，然后说："你是在寻我开心吗？"

"不，司机先生，我不是在寻你开心，我很佩服你在交通混乱时还能沉住气。"

"是呀！"司机说完，便驾车离开了。

"你为什么会这么说？"我不解地问。

"我想让纽约多点人情味，"他答道，"唯有这样，这城市才有救。"

"靠你一个人的力量怎能办得到？"

"我只是起带头作用。我相信一句小小的赞美能让那位司机整日心情愉快，如果他今天载了20位乘客，他就会对这20位乘客态度和善，而这些乘客受了司机的感染，也会对周围的人和颜悦色。这样算来，我的好意可间接传达给1 000多人，不错吧？"

"但你怎么能肯定计程车司机会照你的想法做呢？"

"我并没有希望他按我想的做，"朋友回答，"我知道这种做法是可遇不可求，所以我尽量多对人和气，多夸夸他人，即使一天的成功率只有30%，但仍可连带影响到300人之多。"

"我承认这套理论很中听，但能有几分实际效果呢？"

"就算没效果我也毫无损失呀！开口称赞那位司机花不了我几秒钟时间。如果他无动于衷，那也无妨，明天我还可以去称赞另一位计程车司机呀！"

"我看你有点儿天真病了。"

"从这就可看出你越来越冷漠了。我曾调查过邮局的员工，最令他们感到沮丧的除了薪水微薄外，就是欠缺别人对他们工作的肯定。"

"但他们的服务真的很差劲呀！"

"那是因为他们觉得没人在意他们的服务质量。我们为何不多给他们一些鼓励呢？"

我们边走边聊，途经一个建筑工地，有5个工人正在一旁吃午餐。我朋友停下了脚步，说："这栋大楼盖得真好，你们的工作一定很危险、很辛苦吧？"那群工人带着狐疑的眼光望着我朋友。

"工程何时完工？"我朋友继续问道。

"6月。"一个工人低声应了一句。

"这么出色的成绩，你们一定很引以为荣。"

离开工地后，我对他说："你这种人也可以列入濒临动物了。"

"这些人也许会因我这一句话而更起劲地工作，这对所有人来说，何尝不是一件好事呢？"

"但光靠你一个人有什么用呢？你不过是一个小市民罢了。"

"我常告诉自己千万不能泄气，让这个社会更有情原本就不是简单的事，我能影响一个就一个，能两个就两个……"

"刚才走过的女子姿色平庸，你还对她微笑？"我插嘴问道。

"是呀！我知道，"他答道，"如果她是个老师，我想今天上她课的人一定如沐春风。"

[佚名. 多一句赞美. 未来英才, 2015（1）]

心灵感悟

第二节　打开你的心

个案分析

小帆是一所中等职业学校物流专业一年级的学生，长相漂亮、身材高挑、成绩优异，但性格比较高傲，不太爱说话，同学都不敢接近她。因为小帆学业成绩很优秀，老师很器重她，委任她为班里的团支书。可是同学们都不喜欢她，小帆的工作开展得很不顺利。小帆不明白为什么别人都有朋友，偏偏就她没有。老师希望她能与同学友好相处，可是她也不知道怎样交朋友，怎样才能与同学打成一片。

你觉得小帆的根本问题是 _____

如果小帆向你求助，你的建议是 _____

心理游戏

认识新同学

请每位同学拿出一张白纸，画一个占据整幅纸面的红"心"。把你所认识的同学（可以成为你的朋友的）的名字写在"心"里，包括自己的名字，看谁写得多。

朋　友

请每位同学拿出一张白纸，写下你对朋友的定义，即具备什么条件的人才能成为你的朋友。然后拿着这张纸去寻找你的朋友，与你所写的大致相同的同学就可以被认为是你的朋友了，看看谁的朋友多。

四个手指的爱

请同学们围成两个人数相等的同心圆，面对面站立。指导者宣布规则：当我说"手势"时，你们就伸出手指。如果你与对方都伸出一个手指，则表示你们是陌生人，并且不愿意交往，听到我喊"动作"时，请把脸向左转；如果你们都伸出两个手指，那么表示你们愿意相识，听到我喊"动作"时，你们就握一下手；如果你们都伸出三个手指，则表示喜欢对方，听到我喊"动作"时，你们就双手握一下；如果你们都伸出四个手指，表示你们愿意分享对方的快乐、承担对方的痛苦，能真心实意地为对方付出，听到我喊"动作"时，那么你们就拥抱一下。如果你们伸出的手指不一样，就不用做任何动作。你们只有很短的时间选择，一次动作结束后，我会高喊："向右迈一步。"所有人听到指令后立即向右迈一步，然后与站在你面前的另一个同学重复以上的动作。

刮气球

全班分成5组，选出组长和副组长。组长负责领道具，包括画上"哭脸"的气球、剃须膏、剃须刀，副组长负责把桌子搬到组员前面。组长站到桌子前面，手握气球，面对组员。组员每人每次刮一下，一个接一个有秩序进行，直到将"哭脸"刮干净。任何人违反规则，如不止刮一下，或无秩序，组长立刻中止游戏将组员和道具撤回讲台。比一比哪组最快把气球上的"哭脸"刮干净。活动结束后进行讨论：把气球比作友谊，把"哭脸"比作友谊遇到的危机，怎样才能化解友谊危机？

心理视窗

人际交往的黄金法则

在人际交往中，有一条"黄金法则"：像你希望别人对你那样去对待别人。这条法则很简单，不难理解，请看下面这个故事：

南方有个岛，岛上的人喜欢吃蛇，并常把它作为贵重的礼物送给别人。有一次，这个岛上的一个人到北方旅游，他把腊蛇作为行程中的干粮。等到了齐国，那里的人很热情地招待他。他觉得很过意不去，便用自己所带的一条长腊蛇作为礼物酬谢主人，吓得主人直吐舌头，转身就跑。他不知道这是为什么，还以为自己所送的礼物不够贵重，于是他转过身去，叫自己的仆人挑了一条更大的腊蛇作为礼物送给主人。

可见，人际交往的"黄金法则"不是用你喜欢的方式对待别人，而是用对方喜欢的方式对待他。可我们中的许多人往往把这个法则用反了，也就是"反黄金法则"：希望别人像自己对待他那样对待自己。朋友之间，由于"反黄金法则"，我们变得更加注重利益的对等或索取。今天我为你办了事，你就欠了我一份人情，明天就必须回报我，甚至比我给你的更多。这样所谓的友谊几乎成了成人世界的常态。我们忘记了孩童时单纯甚至不求回报的义气，我们更注重的是究竟可以从对方身上索取什么、得到什么。

太多的问题都出于人际关系中，我们都太自我，都认为别人应该为我做些什么，应该体会到我的心情，应该明白我的心意。而事实上，在我们都无法体会别人的心情、心意时，在我们都无法做到与别人共情时，我们又凭什么去要求别人呢？如果希望别人真诚地对你，希望别人爱你，希望别人体会到你的心情，那么从此刻起，像你希望别人对你那样去对待别人吧！

心理测试

你会交朋友吗

1. 最近你交了一批新朋友，是因为_____

A. 你发现他们很有趣，既爱玩又会玩。

B. 他们都挺喜欢你。

C. 这是你的需要。

2. 当你在休假的时候，你会_____

A. 很容易交上新朋友。

B. 比较喜欢自己一个人消磨时间。

C. 想交朋友，但是发现这不是一件容易的事。

3. 当你安排好要会见一个朋友，却感到很疲倦，又不能让朋友知道你的这种处境时，你会_____

A. 希望他会谅解你，尽管你没有到朋友那儿去。

B. 还是尽力去赴约，并且试图让自己过得愉快。

C. 到朋友那儿去，并且问他，假如你早点回家，他会有什么想法。

4. 你和你的朋友们在一起的时间有_____

A. 数年之久。

B. 说不定，合得来的朋友能长期相处。

C. 一般都不长，经常更换。

5. 一位朋友向你吐露了一个非常有趣的个人隐私问题，你会_____

A. 尽自己最大努力不让别人知道它。

B. 根本没有想把这个问题告诉别人。

C. 那位朋友一离开，你就马上找别的人来议论这个问题。

6. 当你有了问题的时候，你会_____

A. 通常感到自己完全能够应付这个问题。

B. 向你所能依靠的朋友请求帮助。

C. 只有当问题确实严重时，才找朋友帮忙。

7. 当你的朋友有困难时，你发现_____

A. 他们会马上来向你求助。

B. 只有那些和你关系密切的朋友才来找你。

C. 朋友们不打算来麻烦你了。

8. 你通常要交朋友的时候，是_____

A. 通过你已经结识的熟人帮助你。

B. 在各种各样的场合下都能这样做。

C. 在一段较长时间的观察、考虑，甚至可能在经历了某种困难之后。

9. 在下列三种品质中，你认为你的朋友应当具备_____

A. 使你感到快乐和幸福的能力。

B. 为人可靠，值得依赖。

C. 对你挺感兴趣。

10. 下面的情况中对你最为合适，或最接近你的实际情况的是_____

A. 我通常让朋友们高兴地大笑。

B. 我经常让朋友们认真地进行思考。

C. 只要有我在场，朋友们都感到很舒服。

11. 假如你应邀参加一次活动、一次比赛，或者应邀在聚会上唱歌，你会_____

A. 找借口不去参加。

B. 饶有兴致地去参加这些活动。

C. 当即就直率地谢绝邀请。

12. 对你来说，真实的是_____

A. 我喜欢称赞和夸奖朋友们。

B. 我认为诚实是最重要的品质之一，所以我常常不得不持有与众不同的看法；我很讨厌鹦鹉学舌，人云亦云。

C. 我不奉承，但也不批评我的朋友。

13. 你发现_____

A. 你只是同那些能够与你分担忧愁和欢乐的朋友们相处得好。

B. 一般来说，你和几乎所有的人都能相处得比较融洽。

C. 有时候你甚至想与对你漠不关心、不负责任的人相处下去。

14. 假如朋友们拿你恶作剧，你会_____

A. 跟他们一起哈哈大笑。

B. 感到气恼，并且溢于言表。

C. 可能和他们一起哈哈大笑，也可能恼怒发火，这都取决于恶作剧发生时你的精神状态和情绪。

15. 假如别人想依赖你，你的想法是_____

A. 在某种程度上，我并不在乎，但是我想和我的朋友们保持一定的距离，有一定的独立性。

B. 很不错，我喜欢让人家依赖我，认为我是一个可靠的、值得信赖的人。

C. 我对此持一种谨慎的看法，比较倾向于避开可能要我承担的某些责任。

评分

题目	选项和得分		
1、2、4、7、9	A 3	B 2	C 1
12、14	A 3	B 1	C 2
3、13	A 1	B 3	C 2
6	A 1	B 2	C 3
5、8、11、15	A 2	B 3	C 1
10	A 2	B 1	C 3

结果解释

得 36～45 分：说明你和朋友们相处得很好，你能够从生活中得到很多乐趣。你在朋友中有一定的威信，他们比较信赖你。也就是说，你会交朋友，你的人际关系很好。

得 26～35 分：说明你的人际关系处理得不太好，也就是说，你和朋友们的关系并不牢固，时好时坏。你确实想让别人喜欢你，想多交些朋友。尽管你自己做出了很多努力，但别人并不一定喜欢你，朋友们和你在一起时很可能不会感到轻松愉快。你只有认真地检查自己的言行，真诚地对待朋友，学会正确地待人接物，你的处境才会改变。

得 15 ~ 25 分：你很可能是一个孤僻的人，思想很不活跃，不开朗，喜欢独处。但是，这一切并不意味着你不会交朋友。主要原因是你对社会活动、人际关系不感兴趣。你要认识到，人生活在社会之中，就要与人和睦相处、互相关心，广交朋友。

（化雨．测试心灵的晴雨表．北京：中国戏剧出版社，2005）

心灵鸡汤

应如何识友交友

俗话说，"一个篱笆三个桩，一个好汉三个帮"。人生在世，是离不开朋友，少不了朋友的友谊和支持的。然而，大千世界，鱼龙混杂，友分益损。古人这样告诫我们，"君子先择而后交，小人先交而后择，故君子寡尤，小人多怨""匹夫不可不慎交友"，可见，如何认识和选择朋友，是十分重要的人生课题。

要慎交友。无论与什么类型的人交朋友，都要慎重。"近朱者赤，近墨者黑"，这流传久远的名言生动地说明了"慎交友"的重要性，是古人的经验之谈。事实确实如此，一个人的朋友如何，对自身的发展往往会造成很大影响，朋友的思想、行为有着潜移默化的力量。

最宜交何友？古人云："益者三友，损者三友。友直、友谅、友多闻，益矣；友便辟、友善柔、友便佞，损矣。"就是说，与正直、讲信用、有学问的人交朋友，会受益匪浅；与那种献媚奉承、心术不正、华而不实的人交朋友，会带来坏处。这对我们今天如何选择、结交朋友仍有启示。一般来说，在现实生活中，我们结交如下几类朋友最有利于朋友的关系健康发展。

挚友，指的是恳切、真诚，以感情和原则为生的真心朋友。

畏友，就是能"道义相砥，过失相规"，即敢直言规谏、直陈人过、积极开展批评与自我批评的人。畏友像一面镜子，照出自己脸上的尘土与污点，可使自己及时发现缺点并予以改正。

密友，就是能"缓急与共，生死可托"，即亲密无间、感情浓厚、能与自己同甘共苦的朋友。

学友，即勤于学习或学识渊博的朋友。交学友可以增长知识，开阔视野，相互配合，取长补短，相互促进，互为鞭策。

如何待友？我们经过审慎的选择找到自己的朋友之后，确保彼此关系和谐健康地发展是大有讲究和学问的。

以诚相待，就是出于真心，诚心诚意。对朋友最怕虚情假意，虚与委蛇。朋友之间允许有各自的隐私，但毫无疑问，是否"无所隐伏"，"隐伏"多少，是衡量友谊的标志。

信守诺言，互信不疑。"信"被古人奉为为人处世亘古不变的美德之一。孔子说："与朋友交，言而有信。"信，首先是信用，自己说到做到，一诺千金，言而有信；其次是信任，相信朋友，不无端猜疑。一个信誉不佳的人是交不到朋友的，一个总是怀疑别人的人也是很少有人愿意与其交友的。

"君子之交淡如水。"《庄子·山木》中说："君子之交淡如水，小人之交甘若醴。"真正的友谊靠的是赤诚相待，而不在于甜言蜜语或重金送礼。至于以物质上的交换、肉麻的吹捧、互相利用，甚至以尔虞我诈为主的小人之交，我们应把它扔到垃圾堆里去。"君子之交"应经得起时间的考验，经得起外界环境的考验。

当然，我们提倡君子之交淡如水，并不是反对朋友间的礼尚往来和文明馈赠。从某种意义上讲，朋友之间的"雪中送炭"或"千里送鹅毛"等行为能体现朋友间相互关心和友爱的精神，当朋友有困难时，鼎力相助，无私支持，这才是真朋友的表现。

（摘自《大众心理学》）

心灵感悟

第三节　走近老师

个案分析

　　我是一个非常普通的女生，每当看到老师，我总是低下头，轻轻地喊声"老师"，声音小得连我自己也听不见。心里总有莫名的害怕，老师他是那么高高在上，他会喜欢我吗？他知道我的存在吗？他在意我的感受吗？与老师交往，我总害怕老师会问我的成绩，害怕老师会不喜欢我，因为我实在不像其他同学那样，学习成绩那么好，或者性格那么开朗、讨人喜欢。但是，在我内心深处，我是非常渴望得到老师的关心和肯定的，我希望能与老师像朋友般交往。我该怎么办呢？

　　你觉得"我"的根本问题是_____
　　如果"我"向你求助，你的建议是_____
_____

心理游戏

第一次亲密接触

　　请你和你的组员们去采访一位任课老师，采访内容可以包括老师的兴趣、爱好、烦恼，老师对其所教学科的认识，对班级的评价与期望，老师的价值观，老师的高中生活等，也可以根据实际情况自定，每个小组要对自己采访的内容保密。你们还要为这位老师画一张像，但画像上不得出现老师的名字。

　　我们这组采访的是教_____（学科）的_____老师。

　　我们采访的内容是：

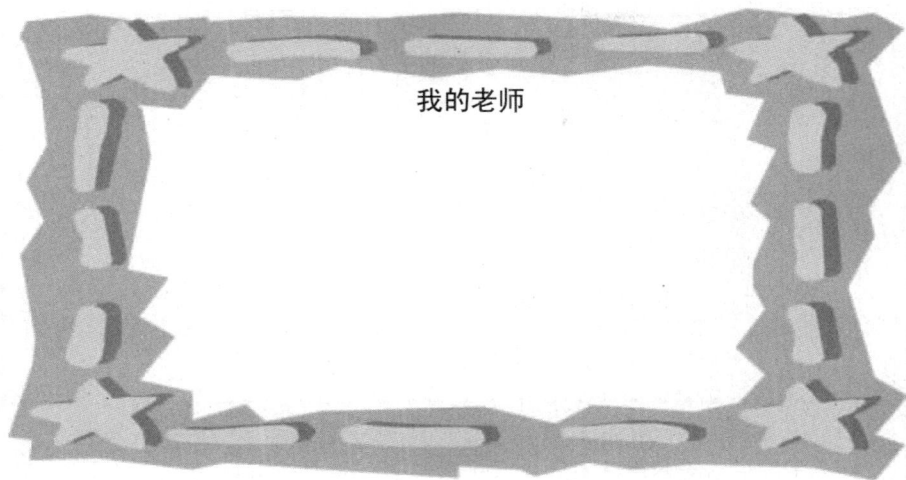

我的老师

（叶斌．心理．上海：华东师范大学出版社，2004）

我最喜欢的老师

我们在成长的道路上，遇到了许许多多的老师，你最喜欢怎样的老师呢？下面是有关老师个性特征或上课风格的词语，请同学们在"我最喜欢的老师"里，填上自己最喜欢的老师的特点或风格的词语，然后相互分享。

热情奔放、公平客观、友善宽容、情绪稳定、坚定顽强、善于克制、注重学习、理智理性、坚强、认识自我、幽默风趣、举止大方、言语高雅、衣着得体、博学多才、有耐心、细致、负责、严厉、循循善诱、慷慨激昂、滔滔不绝、娓娓而谈、有感染力、沉稳柔和、机智、逻辑清晰、有条不紊、生动形象、机智诙谐、妙语连珠、照本宣科、脱离课本、高谈阔论、天马行空、爱问问题、鼓励探索、积极互动、创意独特、课件精美、通俗易懂、微笑亲和、喋喋不休、苦口婆心、花样百出、活泼愉快、深入浅出、枯燥无味、满堂灌、高高在上、亲切随和、关心学生、废话太多、气氛沉闷、古板固执、脾气暴躁、咄咄逼人、严肃刻板、高傲自私等。

```
我最喜欢的老师
```

心理故事

马云和他的老师的故事

老师，点燃我心中的信心

老师重要的工作之一是什么？是让孩子找到自信，让孩子学会做人。很多人回到学校，回到家乡，看望老师，不是因为老师教了你数学，教了你语文，而是老师有一些事情感动了你、唤醒了你。

"我小学的一个老师孙老师，是我的语文老师，我的班主任。她对我的影响非常大。我小学经常闯祸，家里骂我，同学骂我，只有我的老师跟我说你这件事情是对的，这件事情是错的，对的事情以后碰到了，还是要坚持。她告诉我，我干的不都是坏的事情，还有好的事情。"

"我的英文老师更有意思，他早上到下城区教育局学习英文，下午到学校给我们上课。他说：'马云，我发现你发音比我好。'这给了我无数自信，然后，我对英文就特别感兴趣。当然也有一些老师否定了我，我的化学老师怎么看我都不顺眼，说你不行的，到今天我对什么叫元素表都搞不清楚。老师说你好，点燃你心中的信心，老师给了你自信，老师给了你尊严，这样的老师永远会被记住。"

曾经特别崇拜美丽的地理老师

马云读中学的时候，教地理的女老师非常漂亮，她的课生动有趣让人如沐春风。她在马云的眼中就是"天使"一般的存在，所以她讲什么，马云都觉得是"真理"。后来，这位老师讲了一件事，马云受益终生。

一天，老师在西湖边上玩，有几个外国游客向她打听杭州景点，她用一口流利的英语向他们做了介绍。外国游客非常高兴，连声表示感谢。老师语重心长地对同学们说，你们一定要学好地理，不然外国朋友问咱们的时候，如果答不上来，多给中国人丢脸啊。马云听了之后，心想，老师说学不好地理就会给中国人丢脸，可如果光学好地理不会说英语，那不是也没有用吗？于是从那时起，马云下定决心要苦练英语口语，并立志成为杭州英语第一人。他每天坚持听英语广播，包括 BBC、VOA。他还常常跑到西湖边上去，主动跟外国游客搭话。13 岁时，他就能给老外当导游，用自行车带着老外满大街跑。

被老师抓了不及格，十年后感激他

"我读大学时，有一个老师，我特恨他，直到十年前才感谢这个人。我是从小自学的英文，我在杭州西湖边上找老外练英文，练了九年。我自认为我的英文发音相当不错。我们杭州师范大学那年班里面也就二十几个学生，这二十几个学生很多都是农村来的，英文发音很差，我特别有自信，甚至认为我的英文发音比老师要好，但那一年我英文语音考试是 59 分。我认为我最得意的一门课，居然是 59 分，我特生气，觉得凭什么，我比你还好，我比所有同学好，怎么就给我不及格呢？老师说你就是不及格，你必须补考。"

"我后来去补考，62 分，我闹到系主任那儿。我们系主任很好奇，说你念念看，我听听。我说我是跟老外学的，怎么不及格。系主任也觉得有问题，找那个老师，那个老师说就是不及格。十多年过去了，我终于明白了老师的用心。那个时候我很自傲，觉得自己特牛，没有人点醒我。大学里唯一的一次不及格我一直记到现在，如果老师当时没有这么做，我以后还是这样狂傲，他教我做人，什么事情必须遏止住。"

[马云. 中国的"教"好，但"育"不够. 青年博览，2016（24）：60]

 **心理测试**

师生关系测验

学生对自己与老师之间的关系极为敏感，可能因与老师的关系好而觉得学习、生活愉快，也可能因与老师的关系不好而感到前途无望。了解自己与老师关系中的问题所在，是改进师生关系的关键。这里有一份师生关系测验问卷，可帮助你们了解自己的师生关系状况。下面的描述中，与你的实际情况相符的，请在"是"后面的括号内打"√"；不符的在"否"后面的括号内打"√"。

1. 你经常听不明白老师的讲解。　　　　　　　　　　是（　）否（　）

2. 某位老师对你感到讨厌或你讨厌某位老师。　　　是（　）否（　）

3. 老师常以纪律压制你。　　　　　　　　　　　　是（　）否（　）

4. 老师上课不能吸引你。　　　　　　　　　　　　是（　）否（　）

5. 老师不了解你的忧虑与不安。　　　　　　　　　是（　）否（　）

6. 你的意见常被老师不加考虑地反对。　　　　　　是（　）否（　）

7. 老师把考试成绩的高低作为衡量学生的优劣与奖惩学生的标准。

　　　　　　　　　　　　　　　　　　　　　　　是（　）否（　）

8. 你找不到一位能倾诉内心隐秘的老师。　　　　　是（　）否（　）

9. 老师常体罚或变相体罚你。　　　　　　　　　　是（　）否（　）

10. 老师常给你增加学习负担。　　　　　　　　　　是（　）否（　）

11. 某位老师对你有点冷漠。　　　　　　　　　　　是（　）否（　）

12. 你的思想常被老师支配。　　　　　　　　　　　是（　）否（　）

13. 你在学习上的创造性见解常得不到老师的肯定。是（　）否（　）

14. 老师常让你感到紧张与不安。　　　　　　　　　是（　）否（　）

15. 老师常因误解你的行为而斥责你。　　　　　　　是（　）否（　）

16. 老师无法帮助你改进学习方法。　　　　　　　　是（　）否（　）

17. 老师很少与你倾心交谈。　　　　　　　　　　　是（　）否（　）

18. 你常屈服于老师的命令与权威。　　　　　　　　是（　）否（　）

▶ **测评结果**

1. 凡是回答"是"记1分，回答"否"记 −1 分，将所有项目的分数累计起来得到总分。

总分得 8 ~ 18 分，表明你与老师的关系非常紧张；得 -8 ~ 7 分，表明你与老师的关系不怎么好；得 -18 ~ -9 分，表明你与老师的关系过得去。

2. 该测试题分为 3 组，每组各有 6 个项目。它们是：

A 组：第 1、4、7、10、13、16 题。该组的合计分数代表你在学习过程中与老师关系的紧张程度：得 4 ~ 6 分，表明非常紧张；得 -3 ~ 2 分，表明有点紧张；得 -6 ~ -4 分，表明不怎么紧张。

B 组：第 2、5、8、11、14、17 题。该组的合计分数代表你与老师在感情距离上的困惑：得 3 ~ 6 分，表明非常困惑；得 -3 ~ 2 分，表明有些困惑；得 -6 ~ -4 分，表明基本上没有困惑。

C 组：第 3、6、9、12、15、18 题。该组的合计分数代表你与老师在地位上的困惑：得 3 ~ 6 分，表明你非常困惑；得 -3 ~ 2 分，表明你有些困惑；得 -6 ~ -4 分，表明你基本上没有困惑。

（宋专茂，陈伟. 心理健康测量. 广州：暨南大学出版社，2001）

心灵鸡汤

中职生怎样和老师交往

老师是我们成长中非常重要的人，许多同学都有建立融洽的师生关系的愿望，但是不知道该如何搞好师生关系，甚至产生师生交往障碍，影响了师生关系的正常发展。从心理学角度分析，该问题主要由以下原因造成：

（1）闭锁、羞怯与自卑心理。青少年多愁善感，内心世界极为复杂。但他们心里有话不愿向老师说，老师想了解实情，他们却往往闭口不言。有些学生将老师看得过于威严，不敢和老师讲话。也有些学生过分自卑，主观认为老师不喜欢自己，看不上自己，自我封闭，不愿和老师交往。

（2）逆反与嫉妒心理。有的同学受到老师批评，不反思自己的问题，反而越发与老师对着干，这实际上是一种逆反心理在作怪。有些同学看到其他同学与老师关系融洽，经常被老师表扬，心生嫉妒，要么挖苦讽刺同学，要么在"我偏不巴结老师"的怪念头下故意疏远老师。

（3）不信任心理。有的同学对老师缺乏必要的信任，潜意识中将老师置于自己的对立面，认为老师只会监督学生、管理学生，不会理解学生、帮助学生，所以不愿对老师讲一些真实的想法。

（4）从众心理。有些同学，心里很想和老师交往，但为了避免"拍马屁""打小报告"之嫌，而与其他同学一致，与老师保持一定的距离。

沟通是建立良好师生关系的桥梁，怎样才能做到师生间有效的沟通呢？

（1）要以真诚换真诚。欲获得他人真诚相待，首先要真诚地对待他人。作为学生，应向老师真诚地表达自己的感受，获得老师的信任与理解。

（2）真正尊重对方。只有相互尊重，才会理解对方，宽容对方。

（3）学会换位思考。毕竟教师和学生处在不同的角色位置，地位不同，权利、责任和义务也各不相同。要达到相互理解和有效沟通，换位思考非常必要。

（4）相互欣赏以增强积极情感。每个人都有优缺点，如果总盯着对方的缺点不放，就很难欣赏他的成绩，也难以产生积极的情感体验。反之，学会欣赏对方，才会彼此悦纳。

（5）学会向老师提意见和建议。生活中，有时我们对老师的一些做法不太满意，有时我们觉得老师错怪了自己，这时应主动及时向老师提出自己的意见，积极与老师沟通。那么向老师提意见时，应注意以下几点：

①冷静。发生冲突和矛盾时，一定要尽量控制住自己的情绪，不要当面顶撞，以免使问题复杂化、扩大化、严重化。

②得当。提意见要选择合适的场合，不宜当众说的，最好是单独谈。要选择合适的时机，在师长心情愉快或情绪平稳时提意见，对方更容易接受。

③坦诚。开诚布公地说出自己的看法，不歪曲事实，不推脱责任，不巧言矫饰，否则问题无法解决。

④尊重。提意见要保持尊重对方的态度，不能用指责或批评的口气，对方毕竟是自己的长辈。事情过后不记小账，一如既往地尊重对方，会增进感情，促使人际关系和谐发展。

心灵感悟

第四节　我的父亲母亲

个案分析

　　一直以来，我都很庆幸，庆幸我的母亲不会侵犯我的隐私。但是今天，她显然是不经我的同意，就翻看了我的周记。然而，我却好像并不惊讶，仿佛我早已料到母亲会抵不住好奇心的驱使翻看我没有妥善安置的周记。其实，我应该生气的。但没有，只是有些许失望。她也和其他母亲一样。原本我是不愿相信的，甚至不愿有所怀疑。但在餐桌上，母亲轻描淡写地提了我在周记上的记载。好像她理直气壮，有身为母亲的权利，现在只是告诉我这一事实。我的表情瞬时僵硬、难堪。

　　事后想来，我与母亲的沟通实在少得可怜。很怀念小时候，母亲温柔的爱温暖了幼小的我。但渐渐地，代沟不可避免地产生了。我有我的思想、看法，而母亲仿佛永远活在过去。我们的观念有了冲突，我也不再轻易地敞开心扉，曾经的努力都以失败告终。母亲是个贤妻良母，把整个家都安排得妥妥当当，却不是一个可以交心的朋友。我真的很不希望母亲看到真实的我，害怕她会横加指责，我该怎么办呢？

你觉得"我"的根本问题是＿＿＿＿＿＿＿＿＿＿＿＿＿＿＿＿＿＿＿＿＿

如果"我"向你求助，你的建议是＿＿＿＿＿＿＿＿＿＿＿＿＿＿＿＿＿＿＿

＿＿＿＿＿＿＿＿＿＿＿＿＿＿＿＿＿＿＿＿＿＿＿＿＿＿＿＿＿＿＿＿＿＿

心理游戏

我也来当一回妈妈

每组选取三个同学分别扮演"孩子""母亲"和"捣蛋者"的角色，然后比赛哪组最先到达终点。"孩子"：用毛巾蒙住眼睛，在原地转三圈，并设置障碍，让其体验身处恶劣环境中，茫然不知所措、孤立无援的感觉。"母亲"：在肚子里塞上气球，提着重重的书本袋，指引蒙住眼睛的"孩子"绕过曲折的路线到达终点，并且保证气球不能破，不能掉。"捣蛋者"：在活动进行时，用言语或动作影响"孩子"，甚至挑拨他与"母亲"的关系，让他们不能顺利到达终点。

思考：

1. 你扮演的是什么角色，你有什么感受？
2. 如果这是一条人生路，在你旁边陪着你的人是谁？
3. 你觉得"捣蛋者"在真实生活中意味着什么？

与父母面对面

请你当一次新闻记者，采访对象就是你的父母，把真实情况如实地记录在下表中。

采访项目	我的父亲	我的母亲
生日		
兴趣爱好		
喜欢吃的食品		
鞋的尺码		
一生中最重要的事		
年轻时的愿望		
最喜欢听的歌		

（续上表）

采访项目	我的父亲	我的母亲
最喜欢的电视影片		
最得意的事		
最后悔的事		
最难忘的事		
对我的期望		
亲子冲突最可能的原因		

心理故事

孝心可贵

日本一名牌大学毕业生到一家大公司应聘，公司社长审视着他的脸，出其不意地问："你替父母洗过澡、擦过身吗？""从来没有过。"青年很老实地答道。"那么，你替父母敲过背吗？"青年想了想，说："有过，那是我在读小学的时候，那时母亲还给了我10块钱。"青年临走时，社长突然对他说："明天这个时候，请你再来一次。不过有一个条件，刚才你说从来没有替父母擦过身，明天来这里之前，希望你一定要为父母擦一次，能做到吗？"这是社长的吩咐，因此青年一口答应。

青年虽是大学毕业，但家境贫寒。他刚出生不久父亲便去世，从此，母亲做用人拼命挣钱。孩子渐渐长大，读书成绩优秀，考进东京的名牌大学。学费虽令人生畏，但母亲毫无怨言，继续帮佣供他上大学。直到今日，母亲还在帮佣。

青年回到家，母亲还没有回来。母亲出门在外，脚一定很脏，他决定替母亲洗脚。母亲回来后，见儿子要给她洗脚，感到很奇怪。于是，青年将自己必须替母亲洗脚的原委说了一遍。母亲很理解，便按儿子的吩咐坐下，等儿子端来水，便把脚伸进水盆里。青年右手拿着毛巾，左手去握母亲的脚，他这才觉察到母亲的双脚已经像木棒一样僵硬，他不由得抱着母亲的脚潸然泪下。读书时，他心安理得地花着母亲如期送来的学费和零花钱，现在他才知道，那些钱是母亲的血汗钱。

第二天，青年如约去那家公司，对社长说："现在我才知道母亲为了我受了很多的苦，您使我明白了在学校里没有学过的道理，如果不是您，我还从来没有抱过母亲的脚，我只有母亲一个亲人，我要照顾好母亲，再不能让她受苦了。"社长点了点头，说："明天你到公司上班吧。"

[《应聘》点示阅读. 现代中学生：初中学习版，2004（3）：6]

心理视窗

和父母沟通的16个技巧

1. 体会父母的爱。

2. 给父母足够的尊重。

3. 多给父母一些赞赏。

4. 怀着感恩的心和父母沟通。

5. 怀着宽容的心和父母沟通。

6. 用开玩笑的方式向父母提意见。

7. 不要恶语顶撞父母。

8. 父母倾诉，子女要耐心倾听。

9. 说服父母，要懂得委婉。

10. 告诉父母，你需要赞美。

11. 提醒父母不要唠叨。

12. 请父母遵守约定。

13. 错了，就要向父母道歉。

14. 勇于承担错误。

15. 学习成绩下降，及时获得父母谅解。

16. 做父母感情的黏合剂。

心理测试

青少年亲子沟通心理量表（PACT问卷）

指导语

1. 每道题都是一句话，请你仔细地阅读每一句话，然后根据该句话与你自己实际的想法或行为相符合的程度，在每个题号后面用"√"选择一个相应的字母，每个字母的含义是：a——"完全不符合"；b——"大部分不符合"；c——"不确定"；d——"大部分符合"；e——"完全符合"。

除非你认为其他四个选项都不符合你的真实情况，否则请尽量不要选择"不确定"。

2. 请注意，这份问卷分别考察了你和父亲以及你和母亲的沟通情况，因为你和父亲以及和母亲的沟通情况可能不一样，所以每道题请你做两次。第一次请你考虑你和你的父亲的沟通情况并在相应题号后的"对父：a b c d e"一栏作答，第二次请你考虑你和你的母亲的沟通情况并在相应题号后的"对母：a b c c e"一栏作答。

问卷项目

1. 当我有心事时，父亲（母亲）是我的第一倾诉对象。
　　对父：a b c d e 　　　　对母：a b c d e

2. 我通过与父亲（母亲）谈心这种方式表达我对父亲（母亲）的爱与关心。
　　对父：a b c d e 　　　　对母：a b c d e

3. 与父亲（母亲）交流时，我会力图说服他（她）接受我的观点。
　　对父：a b c d e 　　　　对母：a b c d e

4. 我害怕和父亲（母亲）谈话。
　　对父：a b c d e 　　　　对母：a b c d e

5. 我在听父亲（母亲）讲话时，会打断他（她）的讲话。
　　对父：a b c d e 　　　　对母：a b c d e

6. 我从来没有挨过父亲（母亲）的批评。
　　对父：a b c d e 　　　　对母：a b c d e

7. 父亲（母亲）心情不好时，我会尽量避免找他（她）谈话，会等他

（她）心情好了之后再说。

对父：a　b　c　d　e　　　　　　对母：a　b　c　d　e

8. 我能体会到父亲（母亲）在与我交谈时流露出的对我的关爱和期望。

对父：a　b　c　d　e　　　　　　对母：a　b　c　d　e

9. 在我与父亲（母亲）的沟通中几乎没有不能涉及的敏感话题。

对父：a　b　c　d　e　　　　　　对母：a　b　c　d　e

10. 在学校遇到不顺心的事，回家后与父亲（母亲）谈一会儿心，我的心情会变好。

对父：a　b　c　d　e　　　　　　对母：a　b　c　d　e

11. 与父亲（母亲）交谈时，我能够试着从父亲（母亲）的角度去体会和感受父亲（母亲）的内心世界。

对父：a　b　c　d　e　　　　　　对母：a　b　c　d　e

12. 如果父亲（母亲）不接受我的观点，我会做很多说服工作让他（她）接受。

对父：a　b　c　d　e　　　　　　对母：a　b　c　d　e

13. 与父亲（母亲）谈话主要是为了向父亲（母亲）汇报自己的学习生活情况，其他方面没有必要过多涉及。

对父：a　b　c　d　e　　　　　　对母：a　b　c　d　e

14. 在与父亲（母亲）交谈时，父亲（母亲）会说听不懂我在说什么。

对父：a　b　c　d　e　　　　　　对母：a　b　c　d　e

15. 如果父亲（母亲）看起来很累，我会推迟原本打算进行的交谈。

对父：a　b　c　d　e　　　　　　对母：a　b　c　d　e

16. 我的父亲（母亲）从来没有对我发过脾气。

对父：a　b　c　d　e　　　　　　对母：a　b　c　d　e

17. 我在与父亲（母亲）的交流中能够直截了当地表达自己的观点而不用拐弯抹角地表达。

对父：a　b　c　d　e　　　　　　对母：a　b　c　d　e

18. 在与父亲（母亲）交谈时，我会有意隐藏自己的真实感受。

对父：a　b　c　d　e　　　　　　对母：a　b　c　d　e

19. 我乐于与父亲（母亲）分享自己的感受（无论是喜悦的还是悲伤的）。

对父：a　b　c　d　e　　　　　　对母：a　b　c　d　e

20. 我觉得我的思维和语言表达能力在与父亲（母亲）交流的过程中得

到了提高。

　　对父：a　b　c　d　e　　　　　对母：a　b　c　d　e

　　21．我会与父亲（母亲）辩论直至父亲（母亲）接受我的观点。

　　对父：a　b　c　d　e　　　　　对母：a　b　c　d　e

　　22．我觉得和父亲（母亲）谈话让我不安。

　　对父：a　b　c　d　e　　　　　对母：a　b　c　d　e

　　23．当父亲（母亲）在讲话时，我的注意力很难集中在父亲（母亲）身上。

　　对父：a　b　c　d　e　　　　　对母：a　b　c　d　e

　　24．我能够坦然面对父亲（母亲）的批评，因为我觉得父亲（母亲）都是为了我好。

　　对父：a　b　c　c　e　　　　　对母：a　b　c　d　e

　　25．在与父亲（母亲）交流时，我能够毫无顾虑地说出自己的想法和感受。

　　对父：a　b　c　d　e　　　　　对母：a　b　c　d　e

　　26．我觉得我的父亲（母亲）身上没有一点儿缺点。

　　对父：a　b　c　d　e　　　　　对母：a　b　c　d　e

　　27．与父亲（母亲）谈话这件事本身就能让我获得心理上的满足。

　　对父：a　b　c　d　e　　　　　对母：a　b　c　d　e

　　28．我觉得与父亲（母亲）沟通时的气氛让人感到压抑。

　　对父：a　b　c　d　e　　　　　对母：a　b　c　d　e

　　29我觉得与父亲（母亲）的交流可以让我学到一些新东西。

　　对父：a　b　c　d　e　　　　　对母：a　b　c　d　e

　　30．与父亲（母亲）交谈过后，我感到心情愉快。

　　对父：a　b　c　d　e　　　　　对母：a　b　c　d　e

　　31．我觉得和父亲（母亲）交流是一件有意义的事情。

　　对父：a　b　c　d　e　　　　　对母：a　b　c　d　e

　　32．在与父亲（母亲）交流时，我会感到与他（她）的想法相差太大，无法相互理解。

　　对父：a　b　c　d　e　　　　　对母：a　b　c　d　e

　　33．与父亲（母亲）交谈时，我觉得他（她）既是父亲（母亲），又是朋友。

　　对父：a　b　c　d　e　　　　　对母：a　b　c　d　e

34. 与父亲（母亲）交谈是一件让人感到轻松的事。

对父：a b c d e 　　　　对母：a b c d e

35. 我会把自己的想法跟父亲（母亲）探讨。

对父：a b c d e 　　　　对母：a b c d e

36. 我从来没有惹父亲（母亲）生气过。

对父：a b c d e 　　　　对母：a b c d e

37. 自己有空时，就会想和父亲（母亲）说说话。

对父：a b c d e 　　　　对母：a b c d e

［Howard L. Barnes， David H. Olson. Parent – Adolescent Communication and the Circumplex Model. *Child Development*，1985（2）：pp. 438 – 447］

心灵鸡汤

生活课

当你1岁的时候，她喂你并给你洗澡，而作为报答，你整晚哭着。

当你3岁的时候，她怜爱地为你做菜，而作为报答，你把一盘她做的菜扔在地上。

当你4岁的时候，她给你买下彩色笔，而作为报答，你涂满了墙壁与饭桌。

当你5岁的时候，她给你买了既漂亮又昂贵的衣服，而作为报答，你穿上后到附近的泥坑去玩。

当你7岁的时候，她给你买了球，而作为报答，你把球投掷到邻居的窗户上。

当你9岁的时候，她花了很多钱让你学钢琴，而作为报答，你常常旷课并且从不练习。

当你11岁的时候，她送你和朋友去电影院，而你要她坐到另一排去。

当你13岁的时候，她建议你去剪头发，而你说她不懂什么是现在的时髦发型。

当你14岁的时候，她付了你一个月的野营费，而你没有给她打一个电话。

当你15岁的时候，她回家想拥抱你一下，而你把门插起来。

当你17岁的时候，她在等着一个重要的电话，而你捧着电话打了整个晚上。

当你18岁的时候，她为你高中毕业感动得流下眼泪，而你跟朋友聚会到天明。

当你19岁的时候，她付了你的大学学费又送你到学校，而你要求她在离校门口较远的地方下车，怕被朋友看见而丢脸。

当你20岁的时候，她问你："你整天去哪里？"而你回答："我不想像你一样。"

当你23岁的时候，她给你买家具让你布置你的新家，而你对朋友说她买的家具真是糟糕。

当你30岁的时候，她对怎样照顾婴儿提出劝告，而你说："妈，现在时代已不同了。"

当你40岁的时候，她给你打了个电话告诉你有亲戚过生日，而你回答她："妈，我很忙，没时间。"

当你50岁的时候，她常患病，需要你的看护，你反而在读一本关于父母在孩子家寄养的书。

终有一天，她去世了。突然你想起了所有从来没做过的事，它们像榔头痛打着你的心。

为我们洗澡穿衣，牵手教我们走路，为我们远行牵挂的母亲，是我们一生的财富，你是否有尽到你的孝道？关心母亲吧，别到了"子欲养而亲不待"时才体会到母亲的深情。

（杨明.掷开烦恼回家.南宁：广西人民出版社，2002）

心灵感悟

第五节　团队合作

心理游戏

众球出瓶

每个瓶子里都放进了七个球，每个球身上都绑着一根绳子，而玻璃瓶口仅能够使一个球通过。现在，这个瓶子就是一间着了大火的房子，里面的球就是被困在房子里的人，而你就是其中的一个。情况危急，再不逃出去，房子就要塌了。你该怎么逃出去？

_____

_____

为盲人引路

事先选择好盲行路线，最好有一定的障碍，如上下楼梯、坎坷曲折的道路等。另外，还要准备蒙住眼睛的毛巾等。将团体成员两人分成一组，一位当盲人，一位做引路者。活动开始时先蒙住充当盲人的成员的眼睛，并让他在原地转圈直至失去方向感，然后由引路人带领沿既定路线行走并返回原地。活动结束后相互交流充当盲人的感受以及帮助别人的感受，交流集中在以下几个问题上：

1. 什么也看不见是什么感觉？对将要行走的道路有什么想法？

_____

2. 对自己的引路人有什么要求？如果没有引路人，你很可能摔倒受伤，当你安全返回原地时你对引路人有何想法？

_____

3. 作为引路人你是怎样帮助盲人的？有什么新的发现？

_____

4. 当别人信任你、依靠你，需要你的帮助时，你是怎样想的？

_____

双赢的沟通

1. 游戏规则：

（1）相邻四位同学为一个小组。

（2）每位同学手中有两枚围棋子，一枚是白棋，另一枚是黑棋。在以下每轮的比赛中，你和你的同伴可以出白棋或黑棋，你们在每轮比赛中的得分取决于你和小组成员出棋所形成的模式。

（3）游戏共进行两局，每局6轮。在第1、2、4、5轮由小组成员自己出棋，第3、6轮由小组讨论后再出棋。游戏结束时，比一比，看谁赢得多。

2. 游戏程序：

（1）依据出棋要求（小组讨论或自己规定）出棋；

（2）根据小组出棋模式算出自己的得分；

（3）最后算出个人得分和小组得分（总分）。

3. 评分标准：

模式	得分
四个人全出白棋	全部输1分
三个人出白棋，一个人出黑棋	出白棋的赢1分，出黑棋的输3分
两个人出白棋，两个人出黑棋	出白棋的赢2分，出黑棋的输2分
一个人出白棋，三个人出黑棋	出白棋的赢3分，出黑棋的输1分
四个人全出黑棋	全部赢1分

4. 记分表格：

	轮次	你出的棋	你们小组的出棋模式	你的得分	小组得分
第一局	1				
	2				
	3				
	4				
	5				
	6				
	总分				

（续上表）

	轮次	你出的棋	你们小组的出棋模式	你的得分	小组得分
第二局	1				
	2				
	3				
	4				
	5				
	6				
	总分				

两局个人总分_____，两局小组总分_____。

5. 结果分析：

（1）每局统计：谁赢得最多？（个人最高分，小组最高分）

（2）请每局最高分的同学、最高分的小组代表谈谈感悟。

（3）再请其他同学谈谈感悟。（典型情况，小组最低分）

心理故事

故事一：地狱与天堂

牧师请教上帝："地狱和天堂有什么不同？"

上帝带着牧师来到一间房子里。一群人围着一锅肉汤，他们手里都拿着一把长长的汤勺，因为手柄太长，谁也无法把肉汤送到自己嘴里。每个人的脸上都充满绝望和悲苦。上帝说："这里就是地狱。"

上帝又带着牧师来到另一间房子里。这里的摆设与刚才那间没有什么两样，唯一不同的是，这里的人们都把汤舀给坐在对面的人喝。他们都吃得很香、很满足。上帝说："这里就是天堂。"

同样的待遇和条件，为什么地狱里的人痛苦，而天堂里的人快乐？原因很简单——地狱里的人只想着喂自己，而天堂里的人却想着喂别人。

故事二：偷油的老鼠

三只老鼠同去一个很深的油缸偷油喝，够不到油喝的它们想了一个办法：就是一只老鼠咬着另一只老鼠的尾巴，吊下缸底去喝油，大家轮流喝，有福同享。

第一只老鼠最先吊下去喝油，它想："油就这么多，大家轮流喝一点儿也不过瘾，今天算我运气好，干脆自己跳下去喝个饱。"夹在中间的老鼠想："下面的油没多少，万一让第一只老鼠喝光了，那我怎么办？我看还是把它放了，自己跳下去喝个痛快！"第三只老鼠也暗自嘀咕："油那么少，等它们两个吃饱喝足，哪里还有我的份儿？倒不如趁这个时候把它们放了，自己跳到缸底饱喝一顿。"

于是，第二只老鼠狠心地放开第一只老鼠的尾巴，第三只老鼠也迅速放开第二只老鼠的尾巴，它们争先恐后地跳到缸里。最后，三只老鼠都淹死在油缸里。

启　示

在一个团队里，如果成员没有团队意识、各行其是，那么，团队的目标将永远无法实现。创建和谐班集体，必须增强团队意识。只有大家密切配合、团结协作，才能使班级焕发生机和活力。

心理视窗

如何进行团队沟通与合作

在当今社会，个人的作用被淡化，团队的力量得到推崇。当事情非常复杂的时候，很难凭一个人的力量去完成，需要一个团队的成员们精诚协作，共同面对困难、面对挑战。组建团队的同时，问题也随之产生：当团队拥有形形色色的成员的时候，如何让他们同心同德，进行愉快而高效的团队合作呢？

（1）有效的领导。领导者从全局角度把握整个团队方向，让团队的决策更加明快、效率更高。当然，领导者不能独裁，但是一定要果断且懂得协调团队成员间的关系。

（2）明确的分工。明确的分工可以让每一位成员清楚地知道自己要做什么、什么时候做完、做到什么程度。这样就能够避免出现分工不明确造成的部分人员闲置的问题。

（3）互相信任。一个团队只有在信任的氛围中才可能高效地工作，如果大家都相互猜忌，那么分工就不可能起到作用；同时猜忌的气氛让每一个人都不能全心投入工作中去，也不利于成员们工作能力的发挥。

（4）做好自己的事情。在团队合作中，最基本的就是把自己的事情做好，由于整个团队的任务是有分工的，要按时把分配给自己的任务做好，再去帮助别人。

（5）为他人着想。不要事事都从自己的角度考虑。如果遇到什么问题都能先从别人的角度想一想，这样的人在团队当中会很受欢迎，同时也会更有亲和力。

（6）加强团队成员的日常交流。不时地安排一些活动，例如一起吃饭、打球，这些都是很好的加强团队成员间交流的方法。团队成员的日常交流可以让他们更加亲近，从而在工作中更容易进行合作。

（7）愿意多付出。付出并不是什么坏事。多做一些，可以让团队的工作进展得更快，你也得到更多的好评，能力上也有提高，何乐而不为呢？当然也不是付出得越多越好，如果所有的事都让你一个人做了，其他人一定会有意见的。

（8）说话时多使用"我们"。在你说话的时候多使用"我们"这个代词，尽量不要使用"我""你""他"或者直呼别人的姓名，还要鼓励你的团队成员也这样做。这样可以帮助你的团队成员增强集体意识，让他们从团队的角度去想问题，而不是总从自己的角度出发。

（9）让每个人感觉到自己很重要。你要让你团队中的每一个人都感到自己很重要，这样他们做事才会更有成就感，也更有紧迫感。一个人一旦觉得自己不重要，往往会非常沮丧，从而失去工作热情，这会导致工作效率和创造力的显著下降。

心灵鸡汤

微弱生命的壮举

我从未见过如此壮观、浩荡的千军万马，黑压压、密匝匝，不见首、不见尾、弯弯曲曲，斗折蛇行。从早晨6点钟我晨练时发现这支队伍，到夜里

10 点钟我临睡前，这支队伍始终在匆匆忙忙地行走，不知它们还能走多久。当然，世界上也许永远不会集结这样一支由人组成的队伍。

这是蚂蚁在搬家。在我家东边的围墙外有处低洼的花圃，不足 10 平方米。经历了六个多月的干旱天气，这里已是花败草枯，泥土都晒得龟裂了，连那株老树的根都干得裂出了缝子。所以，我常把一些残羹剩饭倒在这儿的土地上，想增加一点它的有机含量，没想到在无意之中，我造就了一座蚂蚁的乐园。它们在那棵枯死的树的树根下蛀洞安家，把风干的米饭、小碎骨头，甚至死掉的昆虫都剥成小块后，拖进蚁穴。仅两三个月，那棵老树的根就一副百孔千疮的模样，成了蚂蚁的营垒。

如今蚂蚁们要从这里迁出，我怀着好奇心，顺着蚂蚁行进的方向寻觅着它们的去向。原来它们把一处地势较高，又堆满了石块的老宅的墙根作为新移民区。看来它们是在躲避一场暴风骤雨，我突然想起电视台早在两天之前已播的天气预报。难怪民谚说：蚂蚁搬家大雨到。

蚂蚁搬家如果仅仅是从这个蚁穴迁到那个营垒，也并无壮观之处。可是蚂蚁搬家确实和人类的大移民相似，它们是在举家迁徙，锅碗瓢盆、坛坛罐罐都要带走。在那条流动的黑色队伍中，每隔寸把之距，准有一伙蚂蚁在扛着米粒、碎骨，或一条昆虫或半截风干的蚯蚓在蠕蠕前行；在队伍的半米之距中，总会有三五只特大的蚂蚁夹裹在队伍的中间，按我这个在等级观念下培养大的社会人的理解，它们可能是领导，在指挥着搬家，又或许是小蚂蚁们在护卫着领导实行战略大转移。

中午的太阳直射到地面上，连我这厚厚的脚板都感到了热度，可蚂蚁队伍还在继续搬家。老妻不知蚂蚁搬家的事儿，她拎着一桶水，"哗"地就倒在了地上，想为小院的地面降温，可就是这桶水一下把蚂蚁的队伍冲开了一条一米多长的口子，水面上浮满了蚂蚁的尸体。一汪浅水成了蚂蚁搬家队伍的一片苦海。我万万没有料到，壮举就是从这里开始的。蚂蚁们并不惧怕这突降的灾难，它们前仆后继，用自己的身体叠垒起一座浮桥，让后边的蚂蚁踩着自己的身体，继续前行。不足五分钟，一条一米多长的水面蚂蚁浮桥连接成了。那是蚂蚁们用生命完成的一次壮举。

在大雨降临的四小时之前，这支有百万之众的蚂蚁大军也终于偃旗息鼓了，只剩下零零散散的掉队者，在匆匆忙忙地追赶着队伍。

蚂蚁是我们肉眼能看清楚的很微小的生命了，它的微弱不会引起人们的关注，可是它们生命的力量、它们的团队精神却令人惊叹。巨大的躯体未必有顽强的生命，像恐龙这样的巨无霸，不是早早地告别了我们这个星球吗？

因为它们躲不过这地球上的灾难。可是蚂蚁们活着，它们知道躲避灾难，它们敢于牺牲自己换取同伴们的平安，这或许就是一个微弱的生命之所以强大的原因吧。

[杨孝文．小小蚂蚁的十大"壮举"．生命世界，2009（12）：32－33]

心灵感悟

第四章　学习心理

第一节　你是学习的料吗

　　自拿到中等职业技术学校的通知书起，我就开始有了心结，我一边不断地问自己：难道只有上普通高中的人才是人才吗？一边又怀疑着这种说法的正确性。但看到身边的同学高高兴兴地去了普通高中，我的心中充满了向往和苦涩。面对父母恨铁不成钢的失望眼神，听着他们的训斥："你呀，天生不是学习的料！"我时常问自己："我真的这么笨吗？我真的不是学习的料吗？"无可奈何之下，我进了一所中等职业技术学校。生活一如从前，只是学习上仍有许多困难。虽然认真地听课，但有些课还是听不懂。上学期还有三门功课"挂了红灯"。看着我的成绩单，妈妈直骂我没出息。现在我做什么都觉得没劲。想到社会上竞争激烈，如此下去，我必将无法立足于社会，我的心中不禁充满了彷徨。我该怎么办？

　　你觉得"我"的根本问题是＿＿＿＿＿＿＿＿＿＿＿＿＿＿＿＿＿＿＿＿＿＿
　　如果"我"向你求助，你的建议是＿＿＿＿＿＿＿＿＿＿＿＿＿＿＿＿＿＿

（边玉芳．心理健康．上海：华东师范大学出版社，2005）

心理故事

暗示的力量究竟有多大

美国有两位心理学家公开宣称，他们发明了一种绝对正确的智力测验方法。为了证实他们的研究成果，他们选择了一所小学的一个班级，给全班的小学生做了一次测验，并于隔日批改试卷后，公布了该班五位天才儿童的姓名。二十年之后，追踪研究的专家发现，这五名天才儿童长大后，在社会皆有极为卓越的成就。这项发现马上引起了教育界的重视，他们请求那两位心理学家公布当年测验的试卷，以明了其中的奥秘所在。

那两位已是满头白发的心理学家，在众人面前取出一个布满尘埃、封条完整的箱子，打开箱盖后，告诉在场的专家及记者："当年的试卷就在这里，我们完全没有批改，只不过是随便抽出了五个名字，将名字公布。不是我们的测验准确，而是这五个孩子的意念正确，再加上父母、师长、社会大众给予他们的协助，才使得他们成为真正的天才。"

心理学家认为：每个人都具有暗示性，而且儿童比成年人更容易接受暗示。积极的暗示，会对人的情绪和生理状态产生良好的影响，激发人的潜能，使人勤奋，催人进取；消极的暗示，会对人的情绪和生理状态产生不良的影响，泯灭人的潜能，使人懒惰，让人颓废。

（宿春礼. 给你插上梦的翅膀：情商教育的 100 个哲理故事. 北京：经济管理出版社，2005）

心理游戏

自我肯定

1. 要求：
用具体明确的语言写出一系列自己希望在学习上拥有的良好行为和能力。
2. 举例：
学习，我能行；我是一个有能力的人；我每天能够完成学习计划。

3. 练习。

_____

_____

_____

_____

_____

4. 写完之后，大声喊出来，每天早上和睡觉前练习 3 遍，连续练习 21 天。

心理测试

多元智能理论测试题

指导语

请根据自身特点给以下题目进行打分，非常不符合的打 1 分，有点符合的打 2 分，一般符合的打 3 分，比较符合的打 4 分，非常符合的打 5 分。

1. 我做事总是按部就班。

2. 我能辨认出不同种类的鸟、树或植物。

3. 我能轻而易举地把记忆中的或组成景象呈现出来。

4. 我能很好地发挥词汇和用词汇表达意思。

5. 我喜欢并重视做笔记。

6. 我对身体的平衡有很好的知觉，并很喜欢身体的运动。

7. 我饲养并喜欢宠物和其他家养动物。

8. 我很了解自己，并懂得自己行为的原因。

9. 我喜欢社区活动和社会活动。

10. 我通过谈话，讲课和听讲可以学得好。

11. 我善于动手操作物体。

12. 当听音乐时，我的情绪会随之变化。

13. 我喜欢填字谜、拼写游戏，解决逻辑问题。

14. 我喜欢自言自语、喜欢谈论问题、喜欢提出问题。

15. 我通过有节奏地重复来记住一些事情，如电话号码。

16. 图表、图解、直观展现对我的学习很重要。

17. 我对我周围的人们的情绪、感受很敏感。

18. 我喜欢在室外，在那里感到舒服。

19. 自己动手比看别人做，我会学得更好。

20. 我倾向于不按照预订的计划去安排或优先做事。

21. 我在学习一些事之前，需要自己先探究一下。

22. 我喜欢在做事时，如走路或跑步时考虑问题。

23. 我能够把困难的问题解释清楚。

24. 我对方向很清晰。

25. 我有调节朋友之间争端的天然能力。

26. 我能很容易地记住歌词。

27. 我能很容易地拆卸和组装东西。

28. 我很喜欢有别人参与的游戏。

29. 我喜欢私下或安静地工作或思考。

30. 我能从合奏的音乐中挑出某个乐器的声音。

31. 我能辨别经验之间或事物之间的构型或关系。

32. 在小组里，我常把别人的观点组合和建构起来。

33. 我对人的心理和动机感兴趣。

34. 我爱观察并看到通常别人注意不到的事物。

35. 我很容易烦躁、坐不住。

36. 我喜欢独立地工作与学习。

37. 我喜欢编曲。

38. 我对忽略环境或明显的污染现象感到气愤。

39. 我有一套对付数字和数学问题的办法。

40. 我是一个独立思考的人，我了解自己的想法。

分数统计方法

（1）将问卷中的选项编号与下表相对照，在相应栏目填入得分，然后算出每种智能类型的总分。

（2）项目总分中得分最高的类型，就是你的优势智能。

智能类型	清单编号	得分记录	合计
言语—语言	4/5/10/14/23		
逻辑—数理	1/13/20/31/39		
视觉—空间	3/16/24/27/34		
音乐—节奏	12/15/26/30/37		
身体—动觉	6/11/19/22/35		
人际交往	8/21/29/36/40		
自知—自省	9/17/25/28/32		
自然	2/7/18/33/38		

结果解释

A. 言语—语言智能：指人们对于语言文字的掌握、运用、表现能力。如诗人、作家和演说家。

B. 逻辑—数理智能：指数学思维和逻辑推理、科学分析的能力。

C. 视觉—空间智能：指对色彩、线条、形状、形式、空间及它们之间关系的敏感性很高，能准确地感觉视觉空间，并把所知觉到的表现出来。如雕刻家、画家、建筑学家。

D. 音乐—节奏智能：指能察觉、辨别、改变和表达音乐，对节奏、音调、旋律或音色较具敏感性。

E. 身体—动觉智能：善于运用整个身体来表达想法和感觉，以及运用双手灵巧地生产或改造事物。如舞蹈家、体育运动员、外科医生、手工匠人。

F. 人际交往智能：对人的脸部表情、声音和动作较具敏感性，能察觉并区分他人的情绪、意向、动机及感觉。如教育家、心理医生、宗教领袖、政治家、推销员。

G. 自知—自省智能：指深入自己内心世界、了解自己的感情生活、辨别自己的情绪变化、体验自己精神活动的能力。如文学家、哲学家、心理学家、神学家等。

H. 自然智能：指认识植物、动物和其他自然环境的能力。自然智能强的人，在打猎、耕作、生物科学上的表现较为突出。

（新浪博客，http：//blog. sina. com. cn/s/blog_4bb7f2710102xls7. html）

心理训练

坚定自信心的五种行为

一、挑前面的位子坐

你是否注意到，不论是在教堂、教室还是各种聚会中，后面的座位总是最先被坐满的？大部分占据后排座位的人，都希望自己不会"太醒目"，他们怕被人注意的原因就是缺乏自信心。坐在前座有助于建立自信心。把它当成一项规则试试看，从现在开始就尽量往前坐。当然坐在前面会比较显眼，但要记住，成功本身就是很显眼的。

二、练习正视别人

一个人的眼神可以透露出许多有关他的信息。一个人不正视你的时候，你会直觉地问自己："他想要隐藏什么呢？他怕什么呢？他想对我不利吗？"不正视别人通常意味着：在你身旁我感到很自卑；我感到不如你，我怕你。躲避别人的眼神也意味着：我有罪恶感；我做了或想了什么我不希望你知道的事，我怕接触你的眼神，你会看穿我。这些都是一些不好的信息。正视别人等于告诉他：我很诚实，而且光明正大；我告诉你的话是真的，你完全可以信赖我。要让你的眼睛为你工作，也就是专注别人的眼神。这不但能给你自信心，也能为你赢得别人的信任。

三、把你走路的速度加快 25%

观察人们走路实在是一种乐趣。这比看电影便宜得多，也更有启发性。许多心理学家将懒散的姿势、缓慢的步伐与对自己、对工作、对别人的不愉快的感受联系在一起。但是心理学家也告诉我们，改变姿势与速度，可以改变心态。你若仔细观察就会发现，身体的动作是心灵活动的结果。采用这种"走快 25%"的方法，可帮助你建立自信心。抬头挺胸，走快一点，你就会感到自信心在增长。

四、练习当众发言

我们发现，有不少思维敏锐、天资聪颖的人，在讨论中都无法发挥他们的长处。因为他们缺少自信心，在会议中沉默寡言，并认为：我的意见可能没有价值，如果说出来，别人可能会觉得很愚蠢、可笑，我最好什么也不说。而且，其他人可能都比我懂得多，我不能让他们知道我是怎样的无知。这些人时常对自己许下很微妙的诺言：等下次再发言。可是他们很清楚自己是无法做到的。每次这些沉默寡言的人不发言时，他们就又中了一次缺少自信心的毒，会越来越丧失自信。从积极方面来看，如果尽量发言，就会增加自信心，下次也更容易发言。所以，要多发言，这是自信心的维生素。而且，不要最后发言，要做破冰船，第一个打破沉默。

五、咧嘴大笑

大部分的人都知道，笑不但能增寿还能添智，它是治疗信心不足的良药。但是仍有很多人不相信，所以他们恐惧时，从不试着笑一下。做一下这个实验：挫折、失败往往使人愁眉苦脸，但你若尝试大笑，就可以增强你的自信心，驱除恐惧、忧虑和沮丧。真正的笑不但能治愈自己的不良情绪，还能马上化解别人的敌对情绪。如果你真诚地向一个人展颜欢笑，他实在无法再对你生气。

咧嘴大笑，你会觉得"美好的日子又来了"。但是要笑得"大"，皮笑肉不笑是没有什么用的，要放声大笑才能卓有成效。

（颜世富. 成功心理训练. 上海：上海三联书店，2001）

心灵鸡汤

命运就攥在你自己的手里

初二的时候，我的成绩很差，尽管我已经用了心，可英语成绩仍是个位数，数学考试还是不及格。在盛行统考的年代里，我这样拖累全班成绩的"差生"，是各科老师的"眼中钉"和"肉中刺"，他们巴不得我退学回家。要不是怕见母亲佝偻劳作的样子和父亲期待的目光，我早就顺从老师的心愿——回家了。

又是一次快要统考的时间，英语老师把我和其他几位"差生"单独留下来开会，让我们考试时"消失"，最好以后不要来上学了，直言我们不是读书的料，不如早点回去学门手艺挣钱，他甚至还讪笑着劝我继承父亲的木匠手艺。我当时真是气极了。

受了老师的打击，我毫无生气地背着书包往回走，脑子里回想着如何回家跟父亲说。没想到在路上遇到了出来替东家买钉子的父亲。他见我的样子不对劲，就追问为什么。因为赶时间，父亲让我坐到他的自行车后座上，边走边跟我说话。憨实的我不会撒谎，也不敢撒谎，一边流泪，一边叙说了事情的经过。听完我的话，父亲默默无语。我知道，我又让父亲伤心了。

到了东家那，父亲仿佛才想起我还在车后座上。他问我："你还愿意上学吗？"面对父亲的目光，我知道父亲的心思，点了点头。父亲拍了一下我的肩膀说："好，有种！俺支持你上学。你要记住，是不是块读书的料，不是他老师说了算的，而要看你自己的。"说着，他把我领进他的工场，指着一根杉木说："你看它既粗又直，就该放到屋上做栋梁。"又指着一根榆木说："它既细又曲，除了根部可做个桌腿外，其余的部分只能劈柴烧。杉木、榆木的功用不是我们木匠定的，而是它们自身长成的，俺想把它们倒过来都不成。你就像一棵小树苗，能否长成栋梁不在于别人怎么说，而在于你怎么干，命运就攥在你自己的手里！"

"命运就攥在你自己的手里！"这句朴实的话让我回到了课堂，我开始没日没夜地拼命学习，尽管初中毕业时我仍没有冒尖，但"差生"的帽子摘掉了；进入高中，我时时铭记着父亲的话，开始跃居班级前列、年级前列，最终考上了大学本科，成为全村第一位大学生，轰动了全村。临上大学前，父亲驮着行李送我，很过意不去地说："孩子，家里穷，实在没有好东西送你。"我说："不，您已经送了，您那句'命运就攥在你自己的手里'将使我受用终身，它是您送给我最好的礼物。"

[成彪．命运就攥在你自己手里．家庭教育，2003（Z1）：89]

心灵感悟

第二节　你喜欢学习吗

心理测试

座位选择与学习倾向

如果可以选择的话，你最喜欢坐在教室中的哪一个位置？请你在下面的选项中做出选择：

A. 第一排正中央　　　　B. 教室的正中央

C. 最后一排　　　　　　D. 离老师最远的角落

选择 A 的人——表示你是一个求知欲和学习意愿很强的人，而且这种学习动机是你自发的，你是个很有求知心的好学生。

选择 B 的人——你是一个很希望得到老师关注的人，在班上你一直有出风头的期望。你的学习情绪很容易受人影响，你的读书动机是很不自主的。

选择 C 的人——表示你是个不喜欢被老师注意，也不喜欢出风头，只喜欢安安静静想自己事情的人。你的学习意愿其实也不算低，你只是很渴望有自己的空间来做自己的事。

选择 D 的人——你是一个恨不得躲起来看不到老师，老师也看不到你的人。你并非很讨厌老师，但你实在非常讨厌上课。

个案分析

初中三年，我的学习成绩一直不理想，学习没有愉悦感，成功对我来说是那样可遇而不可求。说实话，我真的不想读书。可每当我看到父母期盼的目光，我的心里就十分难过。爸爸下岗了，妈妈的工资又不高，为了筹集我的学费，他们早出晚归。我愧对他们，我是为了他们才来读职校的。再说，不读书又能做什么呢？可在进职校之前，我早就听过很多人对职校生的评价："现在，大学生找工作都难，读职校更没出息。""读职校是浪费时间和金钱……"我很害怕，不知道三年之后等待我的将是怎样的命运。现在我的状态很不好，很想努力学习，但一拿起书本就烦，学不进去；不看书更烦，觉得虚度了光阴，对不起父母也对不起自己。

你觉得"我"的根本问题是_____
如果"我"向你求助，你的建议是_____

（边玉芳．心理健康．上海：华东师范大学出版社，2005）

心理游戏

喜欢学习

请每个同学选择一门不感兴趣的课程，进行下列练习。只要坚持一段时间，你的学习心态就会发生改变，然后你就会爱上这门课程。不信试试看！

（1）面带微笑，搓着双手，做出摩拳擦掌、跃跃欲试的样子，而且让自己充分感觉到这一点。

（2）心中默念：下面的学习内容将是我能够理解的，我将高兴地学习，我肯定能学好。

（3）提醒自己：一定要努力地去学习，要比平时更细心一些，要花更多的时间。

（4）每天早上起床后练习3遍，连续练习21天，你就会有惊人的发现。

（俞国良．心理健康．北京：高等教育出版社，2009）

撕纸游戏

每人拿一张同样大小的纸，5分钟内把这张纸撕成最长的一条线，中途不能断开，如果中途断开，只能用最短的那条作为你的成绩，看谁撕得最长。

心理视窗

怎样培养自己的学习兴趣

培养好奇心。"山重水复疑无路，柳暗花明又一村。"学习兴趣就是在不断探究之中变得越来越浓厚的。

培养学习需要。心理学研究表明，使学习成为一种需要，这种需要是学习的根本动机。这就是说，学习需要是使学习动机转化为内在动机的强有力的心理因素。

不要在学习之前就强调自己没兴趣。想让自己对学习产生兴趣，首先自己必须具有主动学习的良好态度，坚信学习是件有趣的事。

优化心理因素。如需要、愿望、兴趣、理想、信念、责任、义务、荣誉等都是使学习动机转化为内在动机的心理因素。

适当参加一些比赛。心理学实验证明，竞赛是激发学习积极性的有效手段。适当的竞赛可以激发斗志，使人积极向上，克服困难，完成学习任务，取得优异成绩。

运用动机迁移。在缺乏学习动力的情况下，你可以把你在其他活动中的浓厚兴趣和积极性与学习联系起来，并把它们转化为学习需要和学习兴趣。

真正投入学习中去。有的同学学习很浮躁，对学科知识知之皮毛，感觉学习这些知识很没有意思。其实任何学科都有自己的逻辑结构，你只有真正去思考了，才会感到它的乐趣。

多问几个"为什么"。每时每刻我们都可能遇到自己不懂的问题，此时问问"为什么"，在思考的过程中会有许多新的发现，对自己会有新的启发。

体验成功。不论做什么事情，只要结果是成功的，我们就会有舒畅的心情、欢快的情绪体验。这就提醒我们：如果经常在学习中体验到成功，那么我们自然而然就会有学习兴趣了。

开卷有益。我们在书海遨游时，就会向往更广阔的知识海洋。

心理测试

你有厌学情绪吗

对下列题目做出"是"或"否"的回答，并在回答"是"的题目后打"√"，在回答"否"的题目后打"×"。

1. 我认为学习一点儿意思也没有。　　　　　　　　　　　（　）

2. 我是迫于形势才不得不学习的。　　　　　　　　　　　（　）

3. 我一学习就觉得没劲。　　　　　　　　　　　　　　　（　）

4. 在现代社会里，学习没有什么用。　　　　　　　　　　（　）

5. 我认为学习是件苦差事。　　　　　　　　　　　　　　（　）

6. 到学校去上学简直是件苦差事。　　　　　　　　　　　（　）

7. 我学习只是为了父母。　　　　　　　　　　　　　　　（　）

8. 我对学习没什么兴趣。　　　　　　　　　　　　　　　（　）

9. 一上课，我就无精打采。　　　　　　　　　　　　　　（　）

10. 上课时老师讲的内容我总是似懂非懂。　　　　　　　　（　）

11. 我常常抄同学作业。　　　　　　　　　　　　　　　　（　）

12. 我即使无事可做，也不愿意学习。　　　　　　　　　　（　）

13. 我认为自己不是读书升学的料。　　　　　　　　　　　（　）

14. 我上学只是为了消磨时光。　　　　　　　　　　　　　（　）

15. 我上学经常迟到、早退。　　　　　　　　　　　　　　（　）

16. 我和老师的关系比较紧张。　　　　　　　　　　　　　（　）

17. 我上课注意力不集中，常常走神。　　　　　　　　　　（　）

18. 我认为学习简直是活受罪。　　　　　　　　　　　　　（　）

19. 我每天到学校只是为了混日子。　　　　　　　　　　　（　）

20. 我在学校里是做一天和尚撞一天钟。　　　　　　　　　（　）

21. 我认为上学只是为了拿一张文凭。　　　　　　　　　　（　）

22. 我的作业常常不能独立完成。　　　　　　　　　　　　（　）

23. 我最头痛的一件事就是考试。　　　　　　　　　　　　（　）

24. 我真盼望早点毕业。　　　　　　　　　　　　　　　　（　）

25. 我盼望早点离开学校，以求得解脱。　　　　　　　　　（　）

26. 我对玩耍、逛街、打游戏机、看录像等活动很感兴趣。　（　）

27. 我经常旷课。 （ ）

28. 我一拿起书本就感到头痛。 （ ）

29. 课堂上老师讲的课我根本听不懂，也不想去弄懂。 （ ）

30. 考试考好考坏我都无所谓。 （ ）

31. 我上课时常做一些与学习无关的事。 （ ）

32. 我常为自己的前途担忧。 （ ）

评分规则

每题选择"是"记1分，选择"否"记0分。然后将各题得分相加，得出总分。

得0～10分，为轻度厌学情绪；得11～22分，为中度厌学情绪；得23～32分，为重度厌学情绪。

1. 你记得是从什么时候开始厌学的吗？ _____

2. 你厌学的原因是_____

（林崇德，俞国良. 课外心理，中学生心理自测. 沈阳：辽宁人民出版社，2001）

心灵鸡汤

成功并不像你想象的那么难

并不是因为事情难我们不敢做，而是因为我们不敢做事情才难。

1965年，一位韩国学生到剑桥大学主修心理学。在喝下午茶的时候，他常到学校的咖啡厅或茶座听一些成功人士聊天。这些成功人士包括诺贝尔奖获得者、某些领域的学术权威和一些创造了经济神话的人，这些人幽默风趣，举重若轻，把自己的成功都看得非常自然和顺理成章。时间长了，他发现，在国内时，他被一些成功人士欺骗了。那些人为了让正在创业的人知难而退，普遍把自己的创业艰辛夸大了，也就是说，他们在用自己的成功经历吓唬那些还没有取得成功的人。作为心理系的学生，他认为很有必要对韩国成功人士的心态加以研究。1970年，他把《成功并不像你想象的那么难》作为毕业论文，提交给现代经济心理学的创始人威尔·布雷登教授。布雷登教授读后大为惊喜，他认为这是个新发现。这种现象虽然在东方甚至在世界各地普遍存在，但此前还没有人大胆地提出来并加以研究。惊喜之余，他写信给他的剑桥校友——当时正坐在韩国政坛第一把交椅上的人——朴正熙。他在信中说："我不敢说这部著作对你有多大的帮助，但我敢肯定它比你的任何一个政令都能产生震动。"后来这本书果然伴着韩国经济的腾飞名声大噪。这本书鼓舞了许多人，因为它从一个新的角度告诉人们，成功与"劳其筋骨，饿其体肤""三更灯火五更鸡""头悬梁，锥刺股"没有必然的联系。只要你对某一事业感兴趣，长久地坚持下去就会成功，因为上帝赋予你的时间和智慧足够让你圆满地做完一件事情。后来，这位青年也获得了成功，他成了韩国泛业汽车公司的总裁。

启 示

> 人世中的许多事，只要想做都能做到，该克服的困难也都能克服，用不着什么技巧或谋略，更用不着什么钢铁般的意志。只要一个人还在朴实而饶有兴趣地生活着，他终究会发现，造物主对世事的安排，都是水到渠成的。

[卓成. 被误解的成功. 商界，2008（4）：103]

心灵感悟

第三节　学习能力训练

心理游戏

脑力大餐

活动目的：

考考你的记忆力。

游戏规则：

首先呈现九款漂亮食物，然后屏蔽八秒钟，再呈现十几款漂亮食物，看看你能不能把它们摆放回原来的位置。

抓手指

活动目的：

锻炼注意力的集中和分配。

游戏规则：

同学们站着围成一圈，各自伸出左手食指向上直立，张开右手掌顶在右旁同学左手直立的食指上。当老师的指令由"7"作尾时，右手掌抓住右旁同学的左手食指，同时要收缩自己的左手食指，以免被左旁同学的右手掌抓住。

传球夺秒

活动目的：

启发创新思维。

游戏规则：

1. 将全班分成 4 人小组，每组推荐一名组长，领取彩色小球一个。

2. 将球按 1、2、3 号的顺序从发起者手里发出，最后按此顺序回到发起者手里。在传递过程中，每个人都必须触及球，所需时间最少的小组获胜。

3. 球掉在地上一次额外加 10 秒。

4. 计时员用秒表为各个组计时，完成一轮计时后，请各小组做演示。

5. 分享：请用时最少的前三个小组说说他们是怎样出色完成任务的。

心理视窗

遗忘曲线

德国心理学家艾宾浩斯对遗忘现象做了系统的研究，他用无意义的音节作为记忆的材料，把实验数据绘制成一条曲线，这条曲线后被称为艾宾浩斯遗忘曲线。

这条曲线也称艾宾浩斯保持曲线，它的纵坐标代表保持量。曲线表明了遗忘发展的一条规律：遗忘进程是不均衡的，在识记的最初遗忘得很快，以后逐渐缓慢，到了一定的时间，几乎就不再遗忘了，也就是说遗忘的发展是"先快后慢"的。

遗忘的进程不仅受时间因素的制约，也受其他因素的制约。学生最先遗忘的是没有重要意义的、不感兴趣的、不需要的材料。不熟悉的比熟悉的遗忘得要早。人们对无意义的音节的遗忘速度快于对散文的遗忘速度，而对散文的遗忘速度又快于对有韵律的诗的遗忘速度。

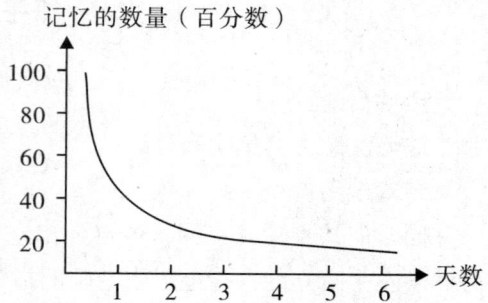

记忆的数量（百分数）

艾宾浩斯遗忘曲线

在学习过程中，对一种材料达到一次完全正确的背诵后仍然继续学习，叫作过度学习。适当的过度学习可以使学习的材料保持得更好。研究结果表明，适当的过度学习比刚能背诵的效果好，但如果超过这个限度，其保持效果不再增加。如学习 4 遍后恰能背诵，则再学习 2 遍效果最好，但再学习则会适得其反，有可能对人的身心造成危害。

一般记住后，在 5 分钟后重复一遍，20 分钟后再重复一遍，1 小时后、12 小时后、1 天后、2 天后、5 天后、8 天后、14 天后分别重复一遍就会记得很牢。

（黄希庭．心理学导论．2 版．北京：人民教育出版社，2007）

心理测试

测测你的记忆力和注意力

指导语

请认真阅读每一道题，然后在每道题的后面回答"是"或"否"。

问卷项目

1. 你是否在干某件事的同时，能听到周围的人在谈论什么？
2. 你的朋友和熟人是否经常捉弄你？
3. 你是否经常由于粗心大意而失算？
4. 当你穿过马路时是否仔细观察四周？
5. 你是否在马路上拾到过钥匙或钱之类的东西？
6. 你是否能回忆起两天前看过的电影的细节？
7. 当有人不让你继续读书报、看电视或做其他事情的时候，你是否生气？
8. 你在家里是否能很快找到需要的东西？
9. 在马路上突然有人喊叫，你是否会哆嗦一下？
10. 在商场购物，你是否在收款台旁就检查找回的零钱？
11. 你是否有过这样的经历：把一个人当成另一个人？
12. 你是否因专心谈话而坐过了站？
13. 你是否能在大城市里，不靠别人帮助，找到仅去过一次的地方，例如：博物馆、剧院、办公楼或超市？

14. 你早晨是否很容易就能醒过来?

15. 你是否能流畅地说出你亲人的生日?

结果解释

回答为"是"的是:1、2、4、5、6、8、10、13、14、15。

回答为"否"的是:3、7、9、11、12。

以上的题目答对一题得 1 分,如果得 11 分或更多分,说明你是个非常仔细的人。你的记忆力和注意力让人羡慕,因为并非人人如此。当然,不排除你是经过努力才有如此好的结果的。

[丁永明. 测测你的记忆力和注意力. 家庭科技,2006(3):40]

心灵鸡汤

换一种思维方式生存

法国著名科学家法伯发现了一种很有趣的虫子,这种虫子都有一种"跟随者"的习性。它们外出觅食或者玩耍,都会跟随在另一只同类的后面,而从来不敢另寻出路。法伯做了一个实验,他花费了很长时间捉了许多这种虫子,然后把它们一只只首尾相连地放在一个花盆周围,在离花盆不远的地方放置了一些这种虫子很爱吃的食物。一个小时之后,法伯前去观察,发现虫子一只只不知疲倦地围绕着花盆转圈。一天之后,法伯再去观察,发现虫子们仍然在一只紧跟一只地围绕着花盆疲于奔命。七天之后,法伯去看,发现所有的虫子已经一只只首尾相连地累死在了花盆周围。

后来,法伯在他的实验笔记中写道:这些虫子死不足惜,但如果它们中的一只能够越出雷池半步,换一种方式,就能找到自己喜欢吃的食物,命运也会迥然不同,最起码不会累死在离食物不远的地方。

其实,该换一种思维方式生存的不仅仅是虫子,还有比它们高级得多的人类。

一家非常著名的公司要招聘一名业务经理,丰厚的薪水和各项福利待遇吸引了数百名求职者前来应聘,经过初试和复试,剩下了 10 名求职者。主考官对这 10 名求职者说:"你们回去好好准备一下,一个星期之后,本公司的总裁将亲自面试你们。"一个星期之后,10 名做了准备的求职者如约而至。

结果，一个其貌不扬的求职者被留了下来。总裁问这名求职者："知道你为什么会被留用吗?"这名求职者老实地回答："不清楚。"总裁说："其实，你不是这10名求职者中最优秀的。他们做了充分的准备，比如时髦的服装、娴熟的面试技巧，但都不像你所做的准备这样务实。你用了一种超常规的方式，对本公司产品的市场情况及别家公司同类产品的情况做了深入的调查与分析，并提交了一份市场调查报告。你没被本公司聘用时，就做了这么多工作，不用你又用谁呢?"

启 示

　　世上的事情有时就是这么简单得让人难以置信，如果你墨守成规，等待你的只有失败;相反，如果你稍微动一下脑筋，对传统的思维方式进行一番创新，就能获得成功。比如，那种具有"跟随者"习性的虫子为什么就不能动动脑筋，对自己固有的习性进行一下创新——不跟在别人身后漫无目的地奔跑，而像那个其貌不扬的求职者一样换一种思维方式呢? 当然，让虫子摈弃自己固有的习性难免苛求，虫子毕竟是虫子。但是，人呢?

（摘自《组织人事报》）

心理训练

1. 下图由 16 个点组合成了 1 个正方形，请你用连续的 6 条直线将它们一一连接起来。

```
·  ·  ·  ·

·  ·  ·  ·

·  ·  ·  ·

·  ·  ·  ·
```

2. 在美国城市街道的交叉路口上，明文规定着:有步行者横过公路时，车辆就应停在人行道前等待。可是偏偏有个汽车司机，当交叉路口上还有很多人横过马路时，他却突然撞进人群中，全速向前跑。这时旁边的警察看了，却显得无所谓的样子，并没有责怪他。猜猜这是为什么？

3. 以下是随机排列的一系列数字，请同学们在其中找一找共有多少个6，看谁找得又快又准。

7585828907091709608747565156295665678794346321616462074185296359697122
13215216521322132486897456355206206024895375684502189745146587789 65412

4. 在一张有25个小方格的表中，将1~25的数字打乱顺序，填写在里面（见下表），然后以最快的速度从1数到25，要边读边指出，同时计时。

21	12	7	1	20
6	15	17	3	18
19	4	8	25	13
24	2	22	10	5
9	14	11	23	16

心灵感悟

第四节　考试焦虑

个案分析

从小到大，我就一直害怕考试，每次考试就像过鬼门关似的。考试前一天我就紧张得要命，心烦意乱，吃不下饭，晚上躺在床上怎么也睡不着。第二天，一进考场我就觉得心跳加速，浑身直冒冷汗，双脚发软，时不时想上厕所。拿到卷子后，头脑就一片空白，好多题目平时会做的，这会儿一点儿思路也没了。心里一个劲地想着："完了，这次我准备就不充足，又考砸了，妈妈又要骂我'为什么你那么笨，老是考不过人家，你还有什么脸见人'，老师又要对我'语重心长'，我该怎么办呢？"这么想着，收卷时间也快到了，我越急越想不出，看题也会看错行。有时根本做不完题目，有时还会把本来做对的题目改错。现在，一提到考试，我就心里发毛，我该怎么办呢？

故事中的"我"遇到了什么问题？＿＿＿＿＿＿＿＿＿＿＿＿＿＿
"我"产生这种情绪的原因是＿＿＿＿＿＿＿＿＿＿＿＿＿＿

（达玉芳．心理健康．上海：华东师范大学出版社，2005）

心理游戏

跨越障碍

游戏规则：

第一个环节：两个同学一组，一位同学扮演"盲人"，另一位同学扮演帮助"盲人"跨越障碍的"拐杖"。两人之间可以用肢体语言交流，但不能用声音语言。

第二个环节："盲人"在没有"拐杖"的帮助下，自己跨越障碍，但跑道上的障碍在"盲人"不知情的情况下已基本移除。

启示

　　由于第一次的经验，游戏过程中发现"盲人"仍会不断地去摸索、寻找经验中存在的障碍，甚至会怀疑没碰到障碍是不是因为自己走偏了。很多时候，障碍都是被想象出来的或是被夸大的，我们所要跨越的其实是自己心中的障碍。以往考试失败的经历有时会成为我们心中的"障碍物"，削弱我们的信心，阻碍我们的行动。请把心中的"障碍物"搬开，放松心情去努力和奋斗。

心理故事

老虎、狮子和卡在悬崖上的人

有一个人在森林中漫步的时候，突然遇见了一只饥饿的老虎。老虎大吼一声就扑了上来。他立刻用生平最大的力气和最快的速度逃开，但是老虎紧追不舍，他一直跑一直跑一直跑，最后被老虎逼到了悬崖边上。站在悬崖边上，他想：与其被老虎捉到，活活被咬、肢解，还不如跳下悬崖，说不定还有一线生机。他纵身跳下悬崖，非常幸运地卡在一棵树上，那是长在悬崖边的梅树，树上结满了梅子。正在庆幸的时候，他听到悬崖深处传来巨大的吼声，往崖底望去，原来有一只凶猛的狮子正抬头看着他，狮子的声音使他心头一慌，但转念一想：狮子与老虎是同样牙尖嘴利的猛兽，被谁吃掉，都是一样的。当他一放下心，又听见了一阵啃咬声，仔细一看，一黑一白两只老鼠，正用力地咬着梅树的树干。他先是一阵惊慌，立刻又放心了，他想：被老鼠咬断树干跌死，总比被狮子咬死好。情绪平复下来后，他感到肚子有点饿，看到梅子长得正好，就采了一些吃起来。他觉得一辈子从没吃过那么好吃的梅子，还找到了一个三角形的枝杈休息，他想着既然迟早都要死，不如在死前好好睡上一觉吧！他在树上沉沉地睡去了。睡醒之后，他发现黑白老鼠不见了，老虎、狮子也不见了。他顺着树枝，小心翼翼地攀上悬崖，终于脱离险境。原来就在他睡着的时候，饥饿的老虎按捺不住，终于大吼一声，跳下悬崖。黑白老鼠听到老虎的吼声，惊慌地逃走了。跳下悬崖的老虎与崖下的狮子展开激烈的打斗，双双负伤逃走了。

心理视窗

考试焦虑情绪的控制方法

考试焦虑是一种情绪反应。心理学研究表明，考试中的适度焦虑有助于学生集中精力答题，而过度焦虑则会影响学生的正常发挥，严重的甚至会影响学生的身心健康，对付焦虑最好的方法就是坦然面对它，接受它存在的合理性，承认自己确实存在某种程度的焦虑。你有理由相信：既然焦虑是我自己产生的，那么我必然也可以利用它带给我的积极影响，克服它带给我的消极影响。下面这些方法可以帮助控制和消除焦虑情绪：

（1）考试前做一些轻松、愉快的运动。运动的好处很多：消耗大脑中由于紧张引起的有害的化学物质；激活身体能量和精神力量。

（2）放松和呼吸。两手交叉，反向相握，用力向两边拉，使全身肌肉紧张，同时深吸一口气，屏息一会儿，全身肌肉慢慢放松，同时徐徐呼气。重复做三至五次。

（3）按摩。用适当的力度按摩头和面部的穴位。

（4）自我暗示。我只不过是把我已有的水平发挥出来而已。我一定能够考好！我已经做好了足够的准备。

（5）"断喝法"。在考试时如果仍然有难以控制的消极情绪和想法，可以用拳头猛地砸自己的大腿一拳，并在心里对自己断喝一声"别想了"（注意不要喊出声），接着用力掐一下自己的皮肤。这一方法在实践中被证明非常有效。

心理测试

考试焦虑测验量表

请根据自己的实际情况回答以下问题，其中与自己情况"很符合"的记3分，"较符合"的记2分，"较不符合"的记1分，"很不符合"的记0分，各题得分相加为总分。

1. 在重要考试的前几天，我就坐立不安了。

2. 临近考试时，我就容易拉肚子。

3. 一想到考试即将来临，身体就会发僵。

4. 在考试前，我总感到苦恼。

5. 在考试前，我总感到烦躁，脾气会变糟。

6. 在紧张的温习期间，我常会想：这次考试要是得个坏分数怎么办？

7. 越临近考试，我的注意力越难集中。

8. 一想到马上要考试了，参加任何文娱活动都感到没劲。

9. 在考试前，我总会预感这次考试我将要考砸。

10. 考试前，我常做关于考试的梦。

11. 到了考试那天，我就不安起来。

12. 当听到考试的铃声响时，我的心马上紧张地快速跳起来。

13. 遇到重要考试，我的脑子就变得比平时迟钝。

14. 考试题目越多、越难，我越感到不安。

15. 在考试中，我的手会变得冰凉。

16. 在考试时，我感到十分紧张。

17. 一遇到很难的考试，我就担心自己会不及格。

18. 在紧张的考试中，我却会想些与考试无关的事情，注意力集中不起来。

19. 在考试时，我会紧张得连平时背得滚瓜烂熟的知识也忘得一干二净。

20. 在考试中，我会沉浸在空想中，一时忘了自己是在考试。

21. 考试过程中，我想上厕所的次数会比平时多些。

22. 考试时，即使不热，我也会浑身出汗。

23. 考试时，我会紧张得手发僵或发抖，写字不流畅。

24. 考试时，我会经常看错题目。

25. 在进行重要的考试时，我的头就会痛起来。

26. 发现剩下的时间来不及做完全部考题时，我会急得手足无措，浑身大汗。

27. 我担心如果考砸了，家长和老师会严厉地指责我。

28. 在考试后，发现自己懂得的题目没有答对时，我就会十分生气。

29. 有几次在重要考试结束后，我腹泻了。

30. 我对考试十分厌烦。

31. 只要考试不计成绩，我就会喜欢考试。

32. 考试不应该在像现在这样紧张的状态下进行。

33. 不进行考试，我能学到更多的知识。

评分方法及标准

将各题所得分相加，得出总分。

1. 镇定（得分为 0~24 分），说明你一般能以比较轻松的态度对待考试。分值若很低，说明你对考试毫不在乎。

2. 轻度焦虑（得分为 25~49 分），说明你面临考试时有点儿惶恐不安，但仍属正常范围。轻度焦虑有助于考试成绩的提高。

3. 中度焦虑（得分为 50~74 分），说明你面临考试时心情过于激动，焦虑感过强，难以考出实际水平，并会对身心健康有损害。

4. 重度焦虑（得分为 75~99 分），说明你患有"考试焦虑症"，每逢考试来临便会不由自主地产生莫名其妙的恐惧感。考试时，往往会产生"怯场"现象，严重影响水平的正常发挥，对身心健康不利，应该通过心理咨询或心理治疗降低焦虑程度。

（宋专茂，陈伟. 心理健康测量. 广州：暨南大学出版社，2001）

心理训练

模拟一场正规考试的情境，让学生做一份中等难度的试题，并在做题的过程中按照下述要求进行训练。

（1）请一些老师来扮演主考官、巡考和监考员，制造正规考试的紧张气氛。

（2）安排一个学生在考试进行到一半时假装晕倒，制造紧张气氛。

（3）用录音机播放预先录制好的代表学生内心焦灼情绪的声音："看看，别人又翻过了一页，我做得真慢！""这么简单的题都做不出来，这次肯定考砸了。""我的头脑很麻木，什么都想不出来。"

（4）学生在上述情境中练习控制自己的情绪，按照考试的两大原则完成考试。

注意：在进行压力模拟训练时一定要考虑到学生的承受能力，以免发生意外；可以设置不同的压力等级，从弱到强进行训练。

心灵感悟

第五章　情商管理

第一节　情绪自控

个案分析

　　小韩是一所中等职业学校机电专业二年级的学生，身材高大，对人热情，表现积极，是老师的得力助手，但脾气暴躁，做事冲动，很难控制自己的情绪，一点小事、一句玩笑，就可能把他激怒。最近他打篮球因为场地被占这点小事而与隔壁班同学大打出手，导致双双被学校处分。小韩事后也知道自己做错了，不该这么冲动，但就是无法控制自己的情绪。后来在班主任的建议下，他来到心理咨询室求助。

　　你觉得小韩的根本问题是 _____
　　如果你是心理老师，你的建议是 _____

心理故事

钉　子

　　有一个男孩的脾气很坏，于是他的父亲就给了他一袋钉子，并且告诉他，每当他发脾气的时候就钉一根钉子在后院的围篱上。第一天，这个男孩钉下了 37 根钉子。慢慢地每天钉下的钉子的数量减少了。他发现控制自己的脾气要比钉下那些钉子来得容易些。

终于有一天，这个男孩再也不会失去耐性乱发脾气，他告诉他的父亲这件事，父亲告诉他，现在开始每当他能控制自己脾气的时候，就拔出一根钉子。一天天过去了，最后男孩告诉他的父亲，他终于把所有钉子都拔出来了。

父亲握着他的手来到后院说：你做得很好，我的好孩子。但是看看那些围篱上的洞，这些围篱将永远不能恢复成从前的样子。你生气的时候说的话将像这些钉子一样留下了疤痕。如果你拿刀子捅别人一刀，不管你说了多少次对不起，那个伤口将永远存在。话语的伤痛就像真实的伤痛一样令人无法承受。

启 示

人与人之间常常因为一些彼此无法释怀的坚持，而造成永远的伤害。如果我们都能从自己做起，宽容地对待他人，相信我们一定能收获许多意想不到的结果。帮别人开启一扇窗，也就是让自己看到更完整的天空。

（华牧. 经典管理寓言全集. 北京：企业管理出版社，2004）

心理游戏

情感病毒

游戏规则：

1. 第一轮：

（1）游戏开始前，所有人围成一个圈，并且闭上眼睛。主持人在由同学组成的圈外走几圈，然后拍一下某个同学的后背，确定"情绪源"，注意尽量不要让第三者知道这个"情绪源"是谁。

（2）同学们睁开眼睛，散开，主持人告诉他们现在是一个鸡尾酒会，他们可以在屋里任意交谈，且要尽可能多地和人交流。

（3）情绪源的任务就是通过眨眼睛的动作将不安的情绪传递给屋内的其他三个人，而任何一个获得眨眼睛信息的人都要将自己当作已经受到不安情绪感染的人，一旦被感染，他的任务就是向另外三个人眨眼睛，将不安的情绪再次传染给他们。

（4）5分钟以后，让同学们都坐下来，让情绪源站起来，接着是那三个被他传染的，然后是被这三个人传染的，直到所有被传染的人都站了起来，你会惊奇于情绪传染的可怕性。

2. 第二轮：

（1）告诉同学们，你已经找到了治理不安情绪传染的有效措施，那就是制造快乐源，即用真挚、柔和的微笑来冲淡大家因为不安而带来的阴影。

（2）让大家重新坐下围成一圈，并闭上眼睛，告诉大家你将会从他们当中选择一个同学作为快乐之源，并通过微笑将快乐传递给大家，任何一个得到微笑的人也要将微笑传递给其他三个人。

（3）在同学的身后转圈，假装指定了快乐之源，实际上你没有拍任何人的后背，然后让他们睁开眼睛，并声称游戏已经开始。

（4）自由活动三分钟，三分钟以后，让他们重新坐下来，并让收到快乐信息的同学举起手来，然后让大家指出他们认为的"快乐情绪源"，你会发现大家的手指会指向很多不同的人。

（5）微笑地告诉大家实际上根本就没有指定的快乐情绪源，是他们的快乐感染了他们自己。

讨论与分享：

（1）不安和快乐哪一个更容易被传染一些？在第一轮中，当你被传染了不安的情绪，你是否真的感觉到不安？你的举止动作会不会反映出这一点？第二轮中呢？

（2）在游戏的过程中，你对于别人要传染给你不安的预期，导致你真的开始不安，同样你想让别人对你微笑促使你接受和给予微笑。在日常的生活和工作当中，你是否会遇到这种事情？

（3）在一个团队里面，某个人的情绪是否会影响到其他人？是否会影响到团队的工作效率？为了防止被别人的负面情绪所影响，你需要做什么？

［佚名．情感病毒游戏．青年科学，2007（4）：25］

心理实验

致命杀手"生气水"

美国一些心理学家做了一项实验，他们把正在生气的人的血液中所含的物质注射到小白鼠身上，并观察其反应。初期，这些小白鼠表现呆滞，整天不思饮食。几天后，它们就默默地死掉了。美国生理学家爱尔玛为了研究情绪状态对健康的影响，设计了一个很简单的实验：他把一支支玻璃管插在正好是 0 摄氏度的冰水混合物容器里，然后分别注入人们在不同情况下的"生气水"，即用人们在悲痛、悔恨、生气时呼出的水汽和他们在心平气和时呼出的水汽做对比实验。结果表明，当一个人心平气和时呼出的水汽冷凝成水后，水是澄清透明、无杂质的；悲痛时呼出的水汽冷凝后则有白色沉淀；悔恨时呼出的水汽的沉淀物为乳白色；而生气时呼出的"生气水"的沉淀物为紫色。他把"生气水"注射到大白鼠身上，几十分钟后，大白鼠就死了。由此可见，生气对健康的危害非同一般。

有分析表明：人生气 10 分钟会耗费大量精力，其程度不亚于参加一次 3 000 米赛跑；而且生气时的生理反应也十分剧烈，分泌物比其他任何情绪状态下的分泌物都复杂，且更具毒性。因此，动辄生气的人很难健康长寿（很多人都是被气死的）。为了自身健康，请你尽量不要生气，实在是生气，也要学会用克制、幽默、宽容等消气艺术来减轻或消除心理压力。

（马前锋．心灵驿站：情绪调控．上海：上海科技教育出版社，2000）

心理视窗

情绪 ABC 理论

情绪 ABC 理论是由美国心理学家埃利斯创建的。在情绪 ABC 理论中：A 表示诱发性事件；B 表示个体针对此诱发性事件产生的一些信念，即对这件事的一些看法、解释；C 表示个体产生的情绪和行为的结果。

埃利斯认为诱发性事件 A 只是引发情绪和行为的后果 C 的间接原因，而引起 C 的直接原因则是个体由于对诱发性事件 A 的认知和评价而产生的信念 B。即人的消极情绪和行为障碍结果 C，不是由某一诱发性事件 A 直接引发的，而是由经受这一事件的个体对它不正确的认知和评价所产生的错误信念 B 所直接引起的。错误信念也称为非理性信念。

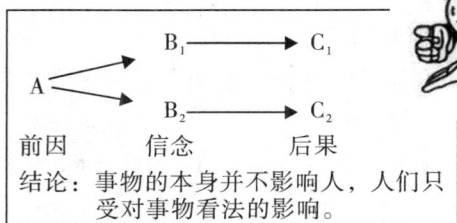

如图中所示，A 指事情的前因，C 指事情的后果，有前因必有后果，但是有同样的前因 A，却产生了不一样的后果（C_1 和 C_2）。这是因为从前因到后果之间，一定会通过一座桥梁 B，这座桥梁就是信念和我们对情境的评价与解释。又因为对同一情境之下的 A，不同的人的信念以及评价与解释不同（B_1 和 B_2），所以会得到不同结果（C_1 和 C_2）。因此，事情发生的一切根源都是我们的信念。

情绪 ABC 理论的创始者埃利斯认为：正是由于我们常有的一些不合理的信念使我们产生情绪困扰。如果这些不合理的信念长期存在，久而久之还会引起情绪障碍。

心理测试

测测你的情绪稳定度

1. 你有能力克服各种困难。
   A. 是的 　　　　　　 B. 不一定 　　　　　　 C. 不是的
2. 猛兽即使是关在铁笼里，你见了也会惴惴不安。
   A. 是的 　　　　　　 B. 不一定 　　　　　　 C. 不是的
3. 如果到了一个新环境，你将会怎样？
   A. 把生活安排得和从前不一样
   B. 不确定
   C. 和从前相仿

4. 整个人生中，你一直觉得你能达到所预期的目标。

    A. 是的   B. 不一定   C. 不是的

5. 在小学时敬佩的老师，到现在仍然令你敬佩。

    A. 是的   B. 不一定   C. 不是的

6. 不知为什么，有些人总是回避你或冷落你。

    A. 是的   B. 不一定   C. 不是的

7. 你虽善意待人，却常常得不到好报。

    A. 是的   B. 不一定   C. 不是的

8. 在大街上，你常常避开你所不愿意打招呼的人。

    A. 极少如此   B. 偶然如此   C. 经常如此

9. 你聚精会神地欣赏音乐时，如果有人在旁高谈阔论。你会怎么做?

    A. 仍能专心听音乐

    B. 介于 A、C 之间

    C. 不能专心并感到恼怒

10. 不论到什么地方，你都能清楚地辨别方向。

    A. 是的   B. 不一定   C. 不是的

11. 你热爱所学专业和所从事的工作。

    A. 是的   B. 不一定   C. 大概是

12. 生动的梦境，常常干扰你的睡眠。

    A. 经常如此   B. 偶然如此   C. 从不如此

13. 季节气候的变化一般不影响你的情绪。

    A. 是的   B. 介于 A、C 之间   C. 不是的

计分方法

根据计分表，查明你每题的得分，并求出总分。

题目		1	2	3	4	5	6	7	8	9	10	11	12	13
得分	A	2	0	0	2	2	0	0	2	2	2	2	0	2
	B	1	1	1	1	1	1	1	1	1	1	1	1	1
	C	0	2	2	0	0	2	2	0	0	0	0	2	0

（总分 17～26 分为 A；13～16 分为 B；0～12 分为 C）

结果解释

A——情绪稳定。

你的情绪稳定，性格成熟，能面对现实。通常能以沉着的态度应付现实中出现的各种问题。行动充满魅力，能振作团队士气，有维护团结的精神。有时也可能由于不能彻底解决生活中的一些难题而强自宽解。

B——情绪基本稳定。

你的情绪有变化，但不大，能沉着应付现实中出现的一般性问题。然而在大事面前，有时会急躁不安，不免受环境支配。

C——情绪激动。

你情绪激动，容易产生烦恼。通常不容易应付生活中遇到的各种阻挠和挫折，容易受环境支配而动摇心神。不能面对现实，会常常急躁不安，身心疲乏，甚至失眠等。要注意控制和调节自己的心境，使自己的情绪稳定。

（夏洛尔．EQ 自测．北京：中国城市出版社，2007）

心灵鸡汤

巧用情绪"转换器"

小时候，我家隔壁住着一位马老太太，她有一只祖传三代的上等镯子，每天擦了又擦，看了又看，总是爱不释手。一天，她一不小心，镯子掉在地上摔碎了。老太太心痛万分，从此茶饭不思，人也变得越来越憔悴。时隔一年，她离开了人世。据说最后咽气时，老太太手里还紧紧攥着那只破碎的玉镯子。许多医疗实验证明癫狂症、胃肠疾病、高血压、冠心病及乳腺癌等，都与人的情绪有着直接的关系，有的则完全是由强烈的情绪波动所引起的。马老太太的死就与她忧郁的情绪有关。镯子碎了便碎了，覆水难收，徒悔无益。

据说一位很有名气的心理学教师，有一天给学生上课时，他拿出一只十分精美的咖啡杯，当学生正在赞美这只杯子的独特造型时，教师故意装出失手的样子，咖啡杯掉在水泥地上成了碎片，这时学生不断发出惋惜声。教师指着咖啡杯的碎片说："你们一定对这只杯子感到惋惜，可是这种惋惜也无法使咖啡杯恢复原形。今后在你们生活中发生了无可挽回的事时，请记住这只破碎的咖啡杯。"

　　这是一堂很成功的心理素质教育课，学生们通过摔碎的咖啡杯懂得了：人在无法改变失败和不幸时，要学会接受它、适应它。任何人遇上灾难，情绪都会受到影响，这时一定要操纵好情绪的"转换器"。面对无法改变的不幸或无能为力的事，有一种方法不妨一试：你可以仰起头来，对天大喊："这没有什么了不起，这不可能打败我。"或者面对一棵大树，默默地告诉自己："忘掉它吧，这一切都会过去的。"紧接着就要往头脑里补充新东西，因为头脑每时每刻都需要补充东西，这种补充就能使情绪"转换器"发生积极作用。最好的办法是用繁忙的工作和学习去补充、去转换，也可以通过参加有兴趣的活动去补充、去转换。如果这时有新的思想、新的意识迸发出来，那就是最佳的补充和最佳的转换。《可兰经》里有句话说得很好："如果你叫山走过来，山不走过来，你就走过去。"

（徐端海. 不高兴了你怨谁：精神健康自我疗法. 北京：作家出版社，2003）

💗 心理训练 ▼

　　拓展训练：请就以下事件，尽可能多地写出你的想法，并注明每一种想法的情绪。

　　事件 A：你的好友说周末会找你去逛街，但整个周末他都没有和你联络。

　　想法 B_1：_____　　情绪 C_1：_____

　　想法 B_2：_____　　情绪 C_2：_____

　　想法 B_3：_____　　情绪 C_3：_____

　　想法 B_4：_____　　情绪 C_4：_____

心灵感悟

第二节　压力缓解

个案分析

　　小芸是一所中等职业学校学前教育专业二年级的学生，也是学校舞蹈队的成员。小芸最近感到压力很大，中段考试快到了，专业部的儿歌比赛也迫在眉睫，学校舞蹈队的训练更是一刻也不能松懈。她一天到晚忙个不停，不是上课就是训练，不是训练就是比赛，整个人就像紧绷的发条，随时都可能"崩溃"。小芸觉得很累，很想放弃舞蹈，开始表现得沮丧、焦虑，指导老师发现了这一情况，建议她前来做心理咨询。

你觉得小芸的根本问题是＿＿＿＿＿＿＿＿＿＿＿＿＿＿＿＿＿＿＿＿
如果你是心理老师，你的建议是＿＿＿＿＿＿＿＿＿＿＿＿＿＿＿＿＿

心理游戏

看看你的压力有多大

游戏规则：

1. 每个人拿出一张纸、一支笔。

2. 根据老师的指令一笔一笔地画，不许问，不许相互观望。

3. 指令：先画一个大圆，再画很多条直线，然后画一个中圆、两个小椭圆，最后画一个直钩、两个半圆。

4. 展示最像一幅画和最不像一幅画的作品，请两个作者分别讲述完成作品的心路历程。

启示

　　这是一个利用心理投射原理进行的心理测验游戏，在完成同一件事情的时候每个人所感受到的心理压力都是不同的。

找找你的压力源

	真实的我	理想的我
1. 身高		
2. 体重		
3. 相貌		
4. 性别		
5. 性格		
6. 爱好		
7. 能力		
8. 身体健康		
9. 学业成绩		
10. 同学关系		
11. 师生关系		
12. 亲子关系		
13. 家庭状况		
14. 其他		

反思与讨论：

1. 真实的我与理想的我差距最大的是 _____

2. 你最难接受的差距是 _____

3. 是什么原因造成的差距，跟成长经历有什么关系： _____

4. 要改变这种状况，行动上需要改变 _____

绝望的驴子

有一天，某个农夫的一头驴子不小心掉进了一口枯井里，农夫绞尽脑汁想办法要救出驴子，但几个小时过去了，驴子还在井里痛苦地哀号着。最后，这个农夫决定放弃，他想这头驴子年纪大了，不值得大费周章去把它救出来。于是农夫便请来左邻右舍帮忙一起将井中的驴子埋了，以免除它的痛苦。农夫的邻居们人手一把铲子，开始将泥土铲进枯井中。

当这头驴子了解到自己的处境时，刚开始哭得很凄惨。但出人意料的是，过了一会儿这头驴子就安静下来了。农夫好奇地探头往井底一看，出现在眼前的景象令他大吃一惊：当铲进井里的泥土落在驴子的背部时，驴子将泥土抖落在一旁，然后站到铲进的泥土堆上面！就这样，驴子将大家铲倒在它身上的泥土全数抖落在井底，然后再站上去。很快地，这只驴子便升到井口，然后在众人惊讶的表情中快步地跑开了！

启示

在生命的旅程中，有时候我们难免会陷入"枯井"里，会有各式各样的"泥沙"倾倒在我们身上，而想要从这些"枯井"中脱困的秘诀就是：化压力为动力，将"泥沙"抖落，然后站到上面去！

[毛毛. 绝望的驴子. 成才之路，2007（25）]

压力倒 "U" 曲线

压力是一种个体发现需求与自己满足那种需求的能力之间出现不平衡时所产生的感受。心理学把压力看作个体对外界刺激的反应过程，包括对威胁的感知和相应的身心反应。

心理学研究表明：压力与效率的关系呈倒 "U" 形曲线，即中等程度的紧张有助于提高学习效率，学习者维持适度的紧张状态能取得良好的学习效果。而过低或过高的紧张水平都对学习不利。

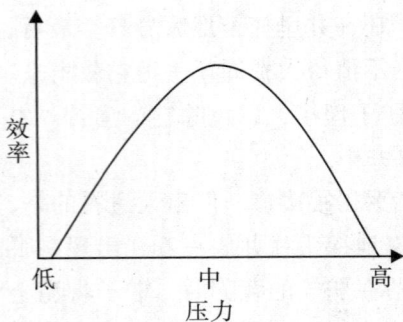

过低的紧张水平使个体不能排除情境中无关因素的干扰，对有关线索的检测是缓慢的、不准确的；使个体缺乏紧张、意志消沉、行为松懈，对学习持无所谓态度，激发不起学习的热情和责任心。相反，过高的紧张使个体注意变得狭窄，注意的转移力降低，不能检测情境中的重要线索；容易使个体紧张、慌乱、行为失常、思维混乱，极大地束缚其认知能力。根据压力与效率的关系，紧张程度过高或过低都会降低学习效率，中等程度的焦虑学习效率最高，如果我们把压力与效率的关系调整到最好状态，那就可以出现超水平发挥的情况。

压力与效率的关系

当然，个体的认知和易感性都影响着压力的体验程度。倒 "U" 曲线的变化受诸多因素的影响。

放松训练

放松训练有四个注意事项：

（1）安静的环境和恰当的时间。确定有一个地方，你可以有 20 ~ 30 分钟的时间不会被打扰。这个地方越安静越舒适越好。在放松前，将灯光调暗，将衣扣解开。

（2）找一个很舒服的位置，坐在舒适的沙发上或椅子上都可以，选择一个尽可能舒适的姿势；躺在地板上或床上也可以，但睡姿容易让人昏昏欲睡。

（3）学会使用一句简短的话或一个简单的词作为"口令"，任何时间、任何地点你只要默念放松的"口令"，就可以条件反射似的很快集中精神，心平气和。

例如：

句子	词
"我很放松"	"放松"
"我感觉平静"	"平静"
"我很稳定"	"稳定"

（4）精神要专一、态度要顺其自然，要毫不费力地让紧张、烦恼飘到体外，并细心体会这种感觉。

放松的具体方法有如下几种：

◇**呼吸放松**

（1）呼吸放松有三种准备姿势：坐姿、卧姿、站姿。

坐姿：坐在凳子或椅子上，身体挺拔，腹部微微收缩，背不靠椅背，双脚着地，并与肩同宽，排除杂念，双目微闭。

卧姿：平稳地躺在床上或沙发上，双脚伸直并拢，双手自然地伸直，放在身体两侧，排除杂念，双目微闭。

站姿：站在地上，双脚与肩同宽，双手自然下垂，排除其他想法，双目微闭。

（2）主要的动作要领如下：

①把注意力集中在腹部肚脐下方；

②慢慢地吸气，想象空气从口腔沿着气管进入腹部，腹部随着吸入的气的不断增加，慢慢地鼓起来；

③吸足气后，稍微闭一下，以便氧气与血管里的浊气进行交换；

④用口和鼻同时将气从腹中慢慢地自然地吐出来，腹部慢慢地瘪下去。

（3）睁眼，恢复原状。如果连续做，可以保持准备时的姿态，重复呼吸。

提示：要把气吸得深、吸得饱；在紧张时，只要进行深呼吸2到3次，就可以起到放松的作用。

◇**冥想放松**

选择一个清净的地方，没有他人的干扰，也没有嘈杂的声音。坐着、站着均可。

冥想放松的方法如下：

（1）回忆自己过去经历过的事情中最愉快的一件，回忆得越具体、越生动、越形象越好。例如，回忆自己过 12 岁生日时的情景，你的爸爸妈妈、亲朋好友、同学等来祝贺及一起庆祝的欢乐时光。桌子上摆满美味佳肴，对这种美味也要尽可能回忆得具体一些。大家一起唱起了生日歌，热闹非凡。这种回忆要像放电影一样，一幕接着一幕，形象生动。

（2）闭上眼睛，想象一个你很喜欢的恬静、愉快、轻松的画面，你自己就身处其中，想象你的身体和头脑正得到更新，活力正在恢复；蓝天白云之下，你十分惬意地躺在青青的草地上，微风轻拂你的脸庞，周围静悄悄的；你无忧无虑地漫步在海边的沙滩上，看夕阳西下，波光粼粼，天空无边无际；你走进一个幽静的山谷，绿草如茵，野花缤纷，小鸟在轻吟浅唱……

（3）平稳地呼吸，让自己沉浸在这美好的情景之中，享受难得的宁静和安详，仔细体会那情形、声音、感觉，想象得越真切越好。

（4）5~10 分钟后，慢慢睁开眼睛，伸展一下全身，你会有另外一种感觉，如果你愿意，可以再次回到你的放松之地，再次经历身心的和谐与宁静。

冥想放松最好是在预感到有紧张情况出现前使用。例如，考试紧张的同学在考试前 30 分钟；比赛时容易发挥失常的选手在比赛演出前几十分钟。这样可以转移自己的注意力，减少紧张情绪。

◇**肌肉放松**

舒适地坐在一张软椅上，胳膊和手放在椅子的扶手或自己的腿上，双腿和脚采取舒适的姿势，脚尖略向外，闭上双眼。

以下是 20 个肌肉放松的动作，请注意：一个"……"代表 5 秒钟的停顿。

（1）请注意听以下暗示语，它们会有助于你提高放松能力。每次停顿时，继续做你刚才正在做的事。好，轻轻地闭上双眼并深呼吸三次。

（2）左手紧握拳，握紧，注意有什么感觉……现在放松……

（3）再次握紧你的左手，体会一下你感觉到的紧张状况……再来一次，然后放松并想象紧张从手指上消失……

（4）右手紧紧握拳，全力紧握，注意你的手指、手和前臂的紧张状况……好，现在放松……

（5）再一次握紧右拳……再来一次……请放松……

（6）左手紧紧握拳，左手臂弯曲使肱二头肌拉紧，紧紧坚持着……好，全部放松，感觉暖流沿肱二头肌流经前臂，流出手指……

（7）右手握紧拳头，右手臂弯曲使肱二头肌拉紧，紧紧坚持着，感受这紧张状态……好，放松，集中注意，体会这种感觉流过你的手臂……

（8）请立即握紧双拳，双臂弯曲，使双臂全部处于紧张状态，保持这个姿势，想一下感觉到的紧张……好，放松，感觉暖流流过整个肌肉。所有的紧张流出手指……

（9）请皱眉头，并使双眼尽量闭小。要使劲眯眼睛，感觉到这种紧张通过额头和双眼……好，放松，注意放松的感觉流过双眼……好，继续放松……

（10）好了，上下颌紧合在一起，抬高下巴使颈部肌肉拉紧并闭紧嘴唇……好，放松……

（11）现在，各部位一起做。皱紧眉头，紧闭双眼，使劲咬上下颌，抬高下巴，拉紧颈肌，紧闭双唇。保持全身姿势，并且感觉到紧张贯穿前额、双眼、上下颌、颈部和嘴唇。保持姿势……好，放松……

（12）现在，尽可能使劲地把双肩往前伸，一直感觉到后背肌肉被拉得很紧，特别是肩胛骨之间的地方。拉紧肌肉，保持姿势……好，放松……

（13）重复上述动作，同时把腹部尽可能往里收，拉紧腹部肌肉，感到整个腹部都被拉紧，保持姿势……好，放松……

（14）再一次把肩胛骨往前伸，腹部尽可能往里收，拉紧腹部肌肉，紧张的感觉贯穿全身……好，放松……

（15）现在，我们要重复曾做过的所有肌肉系统的练习。首先，深呼吸三次……准备好了吗？握紧双拳，双臂弯曲，把肱二头肌拉紧，紧皱眉头，紧闭双眼，咬紧上下颌，抬起下巴，紧闭双唇，双肩向前伸，收腹，并用腹肌顶住。保持姿势，感觉到强烈的紧张贯穿上述各部位……好，放松。深呼吸一次，感到紧张消失。想象一下所有肌肉都放松……手臂、头部、肩部和腹部。放松……

（16）现在轮到腿部，把左脚跟紧紧靠向椅子，努力往下压，抬高脚趾，使小腿和大腿都绷得很紧。紧抬脚趾，使劲蹬紧后脚跟……好，放松……

（17）再一次，把左脚跟紧紧靠向椅子，努力往下压，抬高脚趾，使小腿和大腿都绷得很紧。紧抬脚趾，使劲蹬紧后脚跟……好，放松……

（18）接着，把右脚跟紧紧靠向椅子，努力往下压，抬高脚趾，使小腿和大腿都绷得很紧。紧抬脚趾，使劲蹬紧后脚跟……好，放松……

（19）双腿一起来，双脚脚后跟紧朝椅子压，压下双脚脚后跟，使劲抬高双脚脚趾，保持姿势……好，放松……

（20）好，深呼吸三次……把你所练习过的肌肉都拉紧，左拳和肱二头肌、右拳和肱二头肌、前额、眼睛、颌部、颈肌、嘴唇、肩膀、腹部、右腿、左腿，保持姿势……好，放松……深呼吸三次，然后从头到尾再做一次，接着全部放松。在你深呼吸以后，全部绷紧接着又放松的同时，注意全部放松后的感觉。好，拉紧……放松……接着，进行正常的呼吸，享受你身体和肌肉完全无紧张的惬意之感……

提示：练习上述 20 个项目，两天内至少练习 3 次；录制一个包括第 1、8、15 和 20 项的磁带，使用它两天内至少练习 3 次；录制一个仅包括第 1 和 20 项的磁带，使用它两天内至少练习 2 次；大约用 6 周时间完成这个计划，即可在几分钟之内做到完全放松。

心灵鸡汤

化解压力的妙法

（1）运用语言和想象放松。通过想象，训练思维"游逛"，如"蓝天白云下，我坐在平坦的绿茵草地上""我舒适地泡在浴缸里，听着优美的轻音乐"，在短时间内放松、休息，恢复精力，让自己得到精神小憩，你会觉得安详、宁静与平和。

（2）分解法。请你把生活中的压力罗列出来，一旦写出来以后，就会惊奇地发现，只要你"各个击破"，这些所谓的压力，便可以逐渐化解。

（3）想哭就哭。医学心理专家认为，哭能缓解压力。心理学家曾给一些成年人测血压，然后按正常血压和高血压编成两组，分别询问他们是否哭泣过，结果 87% 血压正常的人都说他们偶尔有过哭泣，而那些高血压患者中的大多数人却都回答从不流泪。由此看来，让情感抒发出来要比深深埋在心里有益得多。

（4）一读解千愁。在书的世界遨游时，一切忧愁悲伤便付诸脑后，烟消云散。读书可以使一个人在潜移默化中逐渐变得心胸开阔、豁达、不惧压力。

（5）拥抱大树。在澳大利亚的一些公园里，每天早晨都会看到不少人在拥抱大树。这是他们用来减轻心理压力的一种方法。据称：拥抱大树可以释放体内的快乐激素，令人精神爽朗。而与之对立的肾上腺素，即压抑激素则会消失。

（6）运动消气。法国出现了一种新兴的行业：运动消气中心。中心均有专业教练指导，教人们如何大喊大叫、扭毛巾、打枕头、捶沙发等，做一种运动量颇大的"减压消气"运动。在这些运动中心，上下左右皆铺满了海绵，任人摸爬滚打，纵横驰骋。

（7）看恐怖片。英国有专家建议，人们感到工作有压力，是源于他们对工作的责任感。此时他们需要的是鼓励，是打起精神。所以与其通过放松技巧来克服压力，倒不如激励他们自己去面对充满压力的情况，例如去看一场恐怖电影。

（8）嗅嗅香油。在欧洲和日本，风行一种芳香疗法。特别是一些女孩子，为这些由芳草或其他植物提炼出的香油所倾倒。原来香油能通过嗅觉神经，刺激或平复人类大脑边缘系统的神经细胞，对舒缓神经紧张和心理压力很有效果。

（9）吃零食。吃零食的目的并不仅仅在于满足肚子的饥饿需要，而在于对紧张的缓解和内心冲突的消除。食物与口腔内的皮肤接触，一方面能够使人通过皮肤神经将感觉信息传递到大脑中枢而产生一种慰藉，从而让人们通过与外界物体的接触而消除内心的压力；另一方面，人们接触食物并进行咀嚼和吞咽运动的时候，可以使自身对紧张和焦虑的注意得到转移，在大脑摄食中枢产生另一兴奋灶，从而使紧张兴奋区得到抑制，最终使身心得到放松。

（10）穿上称心的旧衣服。穿上一条平时心爱的旧裤子，再套一件宽松衫，你的心理压力不知不觉就会减轻。因为穿了很久的衣服会使人回忆起某一特定时空的感受，并深深地沉浸在缅怀过去、对如梦般的生活的眷恋中，人的情绪也为之高涨起来。与此同时，当人们穿上自己认为非常"顺眼"的衣服，自我感觉良好时，就会重新鼓起面对现实的信心和勇气。

（11）养宠物益身心。一项心理学实验显示，精神紧张的人观赏自养的金鱼或热带鱼在鱼缸中自由自在游动时，往往会无意识地进入"荣辱皆忘"的境界，心中的压力也大为减轻。东京一家计算机公司的老板为消除雇员的紧张，每个月花2 500美元请人定时牵来憨态可掬的牧羊犬，让公司雇员放下手中的工作来逗弄牧羊犬，从而舒缓因工作紧张而带来的精神压力。

［佚名.心理减压小贴士.现代交际：上半月，2006（5）：40］

第三节　塑造坚强

个案分析

　　我是一名中等职业技术学校计算机专业二年级的学生，最近感到非常苦恼。周围成绩好的同学都在认真学习，打算参加自主升读大专。然而，我连自己今后要干什么都不知道。我很不喜欢学习，反而觉得上网打游戏、看杂志和小说这样的日子才舒坦。有段时间经过班主任的批评和教导，我也曾想过要好好读书，但我坚持不了几天，又沉迷于网络游戏了。看到其他同学每次考试成绩都这么好，我真有点想放弃了。我该怎么办？

　　你觉得"我"的根本问题是＿＿＿＿＿＿＿＿＿＿＿＿＿＿＿＿＿＿＿＿
＿＿＿＿＿＿＿＿＿＿＿＿＿＿＿＿＿＿＿＿＿＿＿＿＿＿＿＿＿＿＿＿

　　如果"我"向你求助，你的建议是＿＿＿＿＿＿＿＿＿＿＿＿＿＿＿＿
＿＿＿＿＿＿＿＿＿＿＿＿＿＿＿＿＿＿＿＿＿＿＿＿＿＿＿＿＿＿＿＿

心理游戏

站 桩

全班学生围成一圈练习"站桩"：两手平伸，两脚与肩同宽，双腿尽量下蹲，上身保持平直。

最先放弃者要表演一个节目，而坚持到最后的一个同学有权要求班上任何一位同学表演节目。

人 椅

全体同学围成一圈，每位同学将双手放在前面一位同学的双肩上。听从老师的指令，缓缓地坐在身后同学的大腿上。坐下后，同学们高举双手，喊出口号，例如"齐心协力""勇往直前""坚持就是胜利"。可以以小组比赛的形式进行，看看哪个小组可以坚持更长时间，获胜的小组可以要求失败的小组表演节目。

心理故事

曼德拉

1918 年 7 月 18 日，曼德拉出生在南非特兰斯凯一位大酋长家里。作为一个部落首领的儿子，他却放弃了优裕的生活，几十年来一直为受污辱的黑人的平等和自治而英勇斗争。

1964 年，他被南非政府以"企图暴力推翻政府"为由关入罗本岛监狱。黑头发斗成了白头发，27 年的铁窗生涯使他坚信正义最终会取得胜利。他胜利了——一个被奴役、污辱 300 多年的民族重见光明。

他像一团火，以其顽强的斗志、坚韧的毅力、博大的胸怀、鲜明的立场、高尚的人格和幽默的智慧赢得了世界人民的尊敬与爱戴，成为和平、正义与友善的象征，成为人们心目中的偶像和英雄，被誉为"活着的传奇"。

追求真理的不屈精神是曼德拉魅力的基石，铸就了曼德拉钢铁般的意志。

27 年的铁窗生涯非但未能消磨他坚强的意志，反而使其历久弥坚、愈益坚强，锤炼出坚忍顽强、沉着大度的优秀品格。曼德拉此时不仅仅是一位杰出的政治家，而且是南非人民整体的人格魅力的象征，成了神圣不可侵犯的南非民族之魂。

他呼吁黑人"将武器扔到海里去"，而不要"将白人赶到海里去"，拯救了一个新南非。他的一生正是博大胸怀的自然写照，书写着一个坦荡而豁达的胸襟，体现着一种包容万物的海量。

1993 年，曼德拉被授予诺贝尔和平奖。1994 年 5 月，曼德拉当选南非首位黑人总统，达到他传奇人生的高峰。

[任晓明．曼德拉：南非的民族斗士．山西教育：初中版，2006（9）：52]

心理视窗

如何培养自己的毅力与恒心

毅力不是生来就有的，而是依靠我们从小的磨砺、锻炼培养的。那我们如何培养毅力呢？

不怕困难。不论做什么事情，或是学习，或是弹琴，或是绘画，要想有所成就，必须刻苦钻研，不怕困难。困难就好比弹簧，你弱它就强，你强它就弱。克服困难是坚强意志的重要表现。

持之以恒。毅力的强弱还表现在做任何事情都有始有终，不半途而废。蜻蜓点水、见异思迁是做不成大事的。一个优秀的运动员，即使落在后面，或是中途出了意外，只要他还能跑，他也一定要坚持跑到终点，就是这个道理。

不怕失败。失败是成功之母。有的人遭到失败后，垂头丧气，一败涂地，再也没有了奋斗的勇气；而有的人虽遭失败，却不气馁，从失败中吸取教训，继续奋战。爱迪生发明电灯泡时，历经了无数的失败，最后终于换来了全球的光明。失败可以把人的毅力锻炼得更加坚韧。

排除干扰。我们周围的环境总有其他的人、其他的事，有可能会干扰我们的学习。比如，你在看书，别人在看电视、听歌曲，这时如果你能全神贯注在自己的学习上，不受干扰，就说明你的毅力比较强了。

克服惰性。培养毅力最重要的是从小事做起，克服惰性。比如，每天的晨练，遇到刮风下雨的日子，就想"今天算了吧，明天再跑"；学习上碰到不懂的问题，就想"明天再说吧"。就是这些一天天对自己的迁就，助长了自己的惰性，毅力的培养当然也就成了一句空话。

心理测试

意志力自测

指导语

下面这个问卷可用来测试你的意志力，共有 20 道题。请你逐题认真阅读，然后在题后的五种答案中选择一种（只能选择一种），并在下面打"√"。记住用纸记录好答案。

1. 我很喜欢长跑、爬山、远途旅行等活动，但并不是因为我的身体条件适合这些项目，而是因为它们能使我更有毅力。

（1）很同意　（2）较同意　（3）可否之间　（4）不大同意　（5）不同意

2. 我给自己制订的计划常常因为主观原因不能如期完成。

（1）这种情况很多　（2）较多　（3）不多也不少　（4）较少　（5）没有

3. 如无特殊原因，我能每天按时起床，不睡懒觉。

（1）很同意　（2）较同意　（3）可否之间　（4）不大同意　（5）不同意

4. 制订的计划应有一定的灵活性，如果完成计划有困难，随时可以改变或撤销它。

（1）很同意　（2）较同意　（3）无所谓　（4）不大同意　（5）反对

5. 在学习和娱乐发生冲突的时候，哪怕这种娱乐很有吸引力，我也会马上决定去学习。

（1）经常如此　（2）较经常　（3）时有时无　（4）较少如此　（5）非如此

6. 学习或工作中遇到困难的时候，最好的办法是立即向老师、同学求援。

（1）很同意　（2）较同意　（3）无所谓　（4）不大同意　（5）反对

7. 在长跑中遇到生理反应，觉得跑不动时，我常常咬紧牙关，坚持到底。

（1）经常如此　（2）较多如此　（3）时有时无　（4）较少如此　（5）非

如此

8. 我常因读一本引人入胜的小说而不按时睡觉。

（1）这种情况很多 （2）较多 （3）时有时无 （4）较少 （5）没有

9. 我在做一件应该做的事之前，常能想到做与不做的结果有什么不同，而有目的地去做。

（1）经常如此 （2）较多如此 （3）时有时无 （4）较少如此 （5）非如此

10. 如果对一件事不感兴趣，那么不管它是什么事，我的积极性都不高。

（1）经常如此 （2）较多如此 （3）时有时无 （4）较少如此 （5）非如此

11. 当我同时面临一件该做的事情和不该做却吸引着我去做的事情时，我常常经过激烈的思想斗争，使前者占上风。

（1）是 （2）有时是 （3）是与非之间 （4）很少如此 （5）不是

12. 有时我躺在床上，下决心第二天要干一件重要的事情（比如突击一下外语），但到第二天，这种劲头又消失了。

（1）常有 （2）较多 （3）时有时无 （4）较少 （5）没有

13. 我能长时间做一件重要但枯燥无味的事情。

（1）是 （2）有时是 （3）是与非之间 （4）很少如此 （5）不是

14. 生活中遇到复杂情况时，我常常优柔寡断，举棋不定。

（1）常有 （2）有时有 （3）时有时无 （4）很少有 （5）没有

15. 做一件事之前，我首先想到的是它的重要性，其次才想我是否感兴趣。

（1）是 （2）有时是 （3）是与非之间 （4）很少是 （5）不是

16. 我遇到困难时，常常希望别人帮我拿主意。

（1）是 （2）有时是 （3）是与非之间 （4）很少是 （5）不是

17. 我决定做一件事时，常常说干就干，决不拖延或让它落空。

（1）是 （2）有时是 （3）是与非之间 （4）很少是 （5）不是

18. 在和别人争吵时，虽然明知不对，我却禁不住说一些过分的话，甚至骂他几句。

（1）常有 （2）有时有 （3）时有时无 （4）很少有 （5）没有

19. 我希望做一个坚强而有毅力的人，因为我深信"有志者事竟成"。

（1）是 （2）有时是 （3）是与非之间 （4）很少是 （5）不是

20. 我相信机遇，好多事实证明，机遇的作用有时大大超过我的努力。

（1）是 （2）有时是 （3）是与非之间 （4）很少是 （5）不是

计分规则与结果解释

1. 凡单号题（1、3、5……），每题后面的 5 种回答，从第 1 到第 5 依次为 5、4、3、2、1 分。凡双号题（2、4、6……），每题后面的 5 种回答，从第 1 到第 5 依次为 1、2、3、4、5 分。

2. 以上 20 道题得分之和与意志品质的关系如下：

81～100 分，意志力非常强。

61～80 分，意志力较强。

41～60 分，意志力一般。

21～40 分，意志力薄弱。

0～20 分，意志力很薄弱。

如果你意志力坚强，那么祝贺你，你拥有了成功的必要条件之一，但你千万不要沾沾自喜，因为这只是必要条件而不是充分条件。如果你的意志力还不够坚强，那么，请你从现在做起，培养你的意志力。

（宋专茂，陈伟. 心理健康测量. 广州：暨南大学出版社，2001）

心灵鸡汤

坚持才能看到真正的自己

一个 1992 年出生的俊美男生，面前摆着一堆口红，一边不停地试色，一边不停地喊着"oh my god，我的妈呀，这也太赞了吧"。如果你是抖音"重度患者"，想必已经知道我今天要介绍的这个人是谁了。天不怕地不怕，就怕李佳琦说"OMG"。他就是人称"口红一哥"的李佳琦！

李佳琦是谁

1992 年出生，男，淘宝直播 & 抖音博主，全中国拥有最多口红的人。一条十几秒"OMG 视频"就可以卖货 50 万的人，他最高的纪录是在 5 分钟之内，卖光了 14 000 支口红。在淘宝上，他是达人收入排行榜（淘布斯）前三名，收入 1 500 万，也是淘布斯上唯一的男性；在抖音上他是千万粉丝级别的红人。

为什么李佳琦能在激烈的竞争中脱颖而出呢

毕业于南昌大学舞蹈专业的李佳琦曾经对自己的未来感到非常迷茫，父母希望他能够从事和舞蹈相关的工作，然而他自己对此完全不感兴趣。2015年，从南昌大学毕业的李佳琦来到某品牌化妆品柜台当导购。一个大学毕业生，还是一个男孩，去化妆品柜台当导购，多少是有一些压力的。李佳琦做出这样的决定，很大程度是出于对这一行的热爱。他个性开朗，乐于分享，上班头一周就疯狂地请大家喝星巴克、喝奶茶、吃点心，给每个人都带小礼物。他总是去各大化妆品柜台看它们的新款，并给朋友们热情推荐。

"我的妈呀！太好用了，你们一定要试试！"这句话现在已经走红网络，打上了李佳琦的鲜明烙印。因为喜欢导购，即使只是一个普通的柜台导购员，李佳琦也能用热情和魅力捕获不少粉丝。经常有女孩给他送奶茶、送零食，还有人送花。女孩们总在柜台前转来转去，专门等李佳琦上班了再买东西。

李佳琦的"网红"之路源于2016年下半年公司决定试水直播。当时公司找了200多个人，李佳琦资历最浅，但他非常认真。为了完成公司布置的视频介绍任务，李佳琦熬夜做到凌晨三点，第二天发现，只有十几个人交了作业。

机会到来时，人人平等，但每个人对待机会的态度不同。有些人根本不把机会当回事儿，有些人则用尽全身力气。机会不会辜负的当然是那些认真努力的人。

三个月后，200多个人中有7个人被选中，但只有李佳琦选择继续，其他6个人都选择回到商场专柜。他们觉得与做直播相比，线下的确定性更高，更有安全感。如果不能突破舒适区，即使有一趟专门等你的成功快车，最后也只能看它远去。

万事开头难，李佳琦的厉害之处在于坚持

李佳琦给自己制订了一个"6小时马拉松"计划，每天播6小时，至少持续30天。有一天李佳琦实在坚持不住了，家里还有四五个朋友一直催他去吃夜宵，他就没播够时间。一走到楼下，李佳琦就开始后悔，第二天李佳琦把计数清零，重新再播30天。我们总是羡慕别人风光的时候，却看不到别人举步维艰的时候。

如果把李佳琦的成功归于天赋、运气，实在有些不公平。李佳琦每天从晚上7点开始做直播准备，一直工作到夜里1点。有时在短短6个小时里，需要卸200次口红。这样的直播强度，许多人一天都坚持不下来，但李佳琦一年能直播389场。

"只要你坚持一件事，用心做一件事，就一定有回报。"世间没有所谓的一夜成名，所有的功成名就都是厚积薄发。成功者都是根据自己的优势特长，找到自己喜欢的方向，然后日复一日地坚持和积累。

〔粥左罗．李佳琦：平凡人的成功，需要付出更大代价．课外阅读，2020（4）：20 - 22〕

心灵感悟

第四节　直面挫折

个案分析

　　李军是一所中等职业学校机电专业二年级的学生，性格活泼好强，热衷社团活动，表现积极，开学至今一直是班长，受到师生的喜爱。谁知在前不久的校学生会干部竞选中，他落选了。这突然的"失宠"使他难以接受，心里像打翻了"五味瓶"，情绪一落千丈，不愿讲话，不愿见人，学习成绩直线下降。

你觉得李军的根本问题是＿＿＿＿＿＿＿＿＿＿＿＿＿＿＿＿＿＿＿＿＿

＿＿＿＿＿＿＿＿＿＿＿＿＿＿＿＿＿＿＿＿＿＿＿＿＿＿＿＿＿＿＿＿＿

如果你是李军的老师，你的建议是＿＿＿＿＿＿＿＿＿＿＿＿＿＿＿＿＿

＿＿＿＿＿＿＿＿＿＿＿＿＿＿＿＿＿＿＿＿＿＿＿＿＿＿＿＿＿＿＿＿＿

心理游戏

胡萝卜、鸡蛋和咖啡豆的启示

煮三锅开水，分别把胡萝卜、鸡蛋和咖啡豆放进锅里，同时煮 15 分钟；15 分钟后观察三样食品的性质变化。这个实验说明了一个什么道理？（提示：从面对挫折的角度考虑，把开水比作挫折，比较三样东西水煮前后的性质变化）

胡萝卜代表_____

鸡蛋代表_____

咖啡豆融入水里，代表_____

在挫折中站立

游戏规则：

1. 扮演角色：鸡蛋—小鸡—凤凰—猩猩—人类。

2. 进化的方式：石头、剪刀、布，一局定胜负。

3. 全体人员先蹲下作为鸡蛋，然后相互找同伴进行猜拳。赢者进化为小鸡；然后找小鸡同伴再猜拳，赢者进化为凤凰，猜输者退化为前一阶段，直到大部分角色都进化为人类（注意：鸡蛋找鸡蛋、小鸡找小鸡、凤凰找凤凰、猩猩找猩猩进化，以此类推）。

4. 每个角色都有自己的造型：

鸡蛋的造型：一脚在前一脚交叉在后，双手交叉，手心朝外放头顶。

小鸡的造型：半蹲，两只胳膊作为小鸡的两个翅膀不停地展开。

凤凰的造型：右手在头前方为弹花指，左手在后为尾巴左右扇动。

猩猩的造型：两手握拳，放于头上方。

人类的造型：站立，摆一个很酷的造型。

心灵鸡汤

直面摆在我们面前的难题

人生在世，谁都会遇到挫折，适度的挫折具有一定的积极意义，它可以帮助人们驱走惰性，促使人奋进。挫折又是一种挑战和考验。英国哲学家培根说过："超越自然的奇迹多是在对逆境的征服中出现的。"关键的问题是应该如何面对挫折。

第一，沉着冷静，不慌不怒。

第二，增强自信，提高勇气。

第三，审时度势，迂回取胜。所谓迂回取胜，即目标不变，方法变了。

第四，再接再厉，锲而不舍。你遇到挫折时，要勇往直前，既定目标不变，努力的程度加倍。

第五，移花接木，灵活机动。倘若原来太高的目标一时无法实现，可用比较容易达到的目标来替代，这也是一种适应的方式。

第六，寻找原因，理清思路。遇到挫折时，先静下心来把可能产生问题的原因寻找出来，再寻求解决问题的方法。

第七，情绪转移，寻求升华。可以通过自己喜爱的集邮、写作、书法、美术、音乐、舞蹈、体育锻炼等方式，使情绪得以调适，情感得以升华。

第八，学会宣泄，摆脱压力。宣泄可以消除因挫折带来的精神压力，可以减轻精神疲劳；同时，宣泄也是一种自我心理救护措施，它能使不良情绪得到淡化和减缓。

第九，必要时求助于心理咨询。心理医生会对你动之以情，晓之以理，导之以行，循循善诱，使你从"山重水复疑无路"的困境中，步入"柳暗花明又一村"的境界。

第十，学会幽默，自我解嘲。遭受挫折时，不妨采用阿 Q 的精神胜利法，比如"吃亏是福""破财免灾""有失有得""难得糊涂"，冷静看待挫折，用幽默的方法调整心态。

人生在世，不可能时时春风得意，事事顺心。面对挫折能够虚怀若谷、大智若愚，保持一种恬淡平和的心境，是彻悟人生的大度。一个人要想保持健康的心境，就需要升华精神，修炼道德，积蓄能量，风趣乐观。正如马克思所言："一种美好的心情，比十服良药更能解除生理上的疲惫和痛楚。"

心理测试

你的耐冲击力如何

这里所说的"冲击",包括生理和心理上的挫折。挫折可以解释为需要得不到满足时的情绪紧张状态。完成下列各题,以了解自己对"冲击"有多大抵抗能力。

1. 有非常令人担心的事情发生时,你_____。

A. 无法工作　　　　　　B. 工作照常不误　　　　C. 二者之间

2. 碰到讨厌的对手时,你_____。

A. 无法应付　　　　　　B. 应付自如　　　　　　C. 二者之间

3. 面临失败,你_____。

A. 破罐破摔

B. 使失败转为成功的契机

C. 二者之间

4. 工作进展不顺利时,你_____。

A. 焦躁万分　　　　　　B. 冷静地想办法处理　　C. 二者之间

5. 碰到难题时,你_____。

A. 失去信心　　　　　　B. 为解决问题而动脑筋　C. 二者之间

6. 工作中感到疲劳时,你_____。

A. 总是想着疲劳,脑子不好使

B. 休息一段时间忘了疲劳

C. 二者之间

7. 工作条件恶劣时,你_____。

A. 无法干好工作　　　　B. 能克服困难干好工作　C. 二者之间

8. 产生自卑感时,你_____。

A. 无法干好工作　　　　B. 能克服困难干好工作　C. 二者之间

9. 上级给了你很难完成的任务时,你_____。

A. 顶回去了事　　　　　B. 千方百计干好　　　　C. 二者之间

10. 困难落到自己头上时,你_____。

A. 嫌恶之极　　　　　　B. 认为是个锻炼机会　　C. 二者之间

评分与解释

以上各题中，选 A 得 0 分，选 B 得 2 分，选 C 得 1 分。

总分在 17 分以上，说明你耐冲击力很强。

总分在 10～16 分，说明你虽有一定的耐冲击力，但对某些冲击的承受力薄弱。

总分在 9 分以下，说明你的耐冲击力还很弱。

挫折并不是不能克服的，它能引导一个人产生创造性的变迁，既能增强韧性和解决问题的能力，也能引导人们挖掘潜能，以更好的方法满足自己的需要。所以，当你碰到与以上测试题相同或类似的种种情况时，即使不能做到 B，也要争取做到 C，并逐步向 B 过渡，久而久之，你的耐冲击力就会强大起来。你可以从以下四点着手培养耐冲击力：第一，遇到挫折时，进行冷静分析，从客观、主观、环境、条件等方面找出遭受挫折的原因，并采取有效的补救措施；第二，善于正确认识前进的目标，并在前进中反复调整自己的目标；第三，善于化压力为动力；第四，建立辩证的挫折观，经常保持自信与乐观的态度。

（刘国平．问候心灵：青少年心理自我咨询．上海：上海教育出版社，1998）

心理故事

你肯定知道他是谁

先来看一个人的经历。

1810 年，他和家人被赶出了居住的地方，他必须工作以养活家人。

1818 年，他母亲去世。

1831 年，他经商失败。

1832 年，他竞选州议员——但落选了！

1832 年，他工作也丢了——他想就读法学院，但进不去。

1833 年，他向朋友借一些钱经商，但年底就破产了，接下来他花了 17 年，才把债还清。

1834 年，他再次竞选州议员——赢了！

1835 年，他订婚后就快结婚了，但伊人死了，因此他的心都碎了！

1836 年，他的精神完全崩溃，卧病在床六个月。

1838 年，他争取成为州议员的发言人——没有成功。

1840 年，他争取成为选举人——失败了！

1843 年，他参加国会大选——落选了！

1846 年，他再次参加国会大选——这次当选了！他前往华盛顿特区，表现可圈可点。

1848 年，他寻求国会议员连任——失败了！

1849 年，他想在自己的州内担任土地局局长——被拒绝了！

1854 年，他竞选美国参议员——落选了！

1856 年，他在共和党的全国代表大会上争取副总统的提名——失败！得票不到 100 张。

1858 年，他再度竞选美国参议员——再度落选。

1860 年，他当选美国总统。

他是谁？我敢打赌你肯定知道他——亚伯拉罕·林肯——美国有史以来最伟大的总统之一。

启 示

> 锲而不舍，在挫折中一步步成长起来。

（广东省教学教材研究室. 高中生心理健康教育. 广州：广东教育出版社，2003）

心灵鸡汤

再试一次

有个年轻人去微软公司应聘，然而该公司并没有刊登过招聘广告。见总经理疑惑不解，年轻人用不太娴熟的英语解释说自己是碰巧路过这里，就贸然进来了。总经理感觉很新鲜，破例让他一试。面试的结果出人意料，年轻人表现很糟糕。他对总经理的解释是事先没有准备，总经理以为他不过是找个托词下台阶，就随口应道："等你准备好了再来试吧。"

一周后，年轻人再次走进微软公司的大门，这次他依然没有成功。但比起第一次，他的表现要好得多。而总经理给他的回答仍然同上次一样："等你准备好了再来试。"就这样，这个青年先后5次踏进微软公司的大门，最终被录用，成为公司的重点培养对象。

启 示

> 也许，我们的人生旅途上沼泽遍布，荆棘丛生；也许我们追求的风景总是山重水复，不见柳暗花明；也许，我们前行的步履总是沉重、蹒跚；也许，我们需要在黑暗中摸索很长时间，才能找寻到光明；也许，我们虔诚的信念会被世俗的尘雾缠绕，而不能自由翱翔；也许，我们高贵的灵魂暂时在现实中找不到寄放的净土……那么，我们为什么不以勇敢者的气魄，坚定而自信地对自己说一声"再试一次呢"？
>
> 再试一次，你就有可能到达成功的彼岸！

心灵感悟

第六章　职业心理

第一节　兴趣与职业

🌸 个案分析

　　广东某知名服装公司服装设计师冯璐是个土生土长的广州女孩，1996年毕业于广州贸易职业高中。2005年，她因为表现突出，被行内评为广东省十佳服装设计师，目前已是行内知名设计师。近日，冯璐在接受记者采访时表示，去中职读书最大的动力就是兴趣，而兴趣在学习中会带来无穷的动力。当年填报中考志愿时，她估分在400分左右，那时候高中少，这个成绩还上不了高中，而自己又喜欢服装设计，于是义无反顾地报了这所中职学校。通过3年的认真学习，她的专业基础打得很牢，又经过几年出国深造，2003年进入这家公司，年薪十多万，这个收入在同行中只算中等，仍有上升空间。

　　冯璐报考了职校的＿＿＿＿＿＿＿专业，她的职业兴趣是＿＿＿＿＿＿＿＿＿＿＿冯璐在服装行业的成功给我们的启示是＿＿＿＿＿＿＿＿＿＿＿＿＿＿＿＿＿＿＿

💗 心理游戏

我的岛屿计划

　　假设在你的度假途中，你所乘坐的轮船突然发生了故障，必须紧急靠岸。

这时，轮船正好处于下列 6 个岛屿中间。幸运的是，你可以凭自己的兴趣选择一个岛屿靠岸。要知道，这些岛屿只能通过轮船与外界联系。而由于天气原因，今后至少半年内船只都无法出航，而且你还要等待境外的轮船运送人员和器材前来维修你所乘坐的轮船。因此一旦靠岸，你可能需要在这个岛上待很长一段时间（至少一年）。请按一、二、三的顺序挑出 3 个岛屿。

R 岛：岛屿的生态环境保护得很好，有各种野生动植物，居民以手工见长，种植、养殖、制造、修理等方面极为发达，户外活动深受大家喜爱。

C 岛：岛屿干净、整洁，现代、井然有序，建筑现代，各种管理体制完善，岛民保守、冷静，处事有条不紊，耐心细致、高效。

E 岛：显赫、富庶，企业经营和贸易极为发达，居民能言善辩，经济高度发达，处处可见银行、证券交易所、高级饭店、俱乐部、高尔夫球场，政治家、企业家、高级经理人、律师云集。

I 岛：岛屿上有各种科学馆、图书馆、天文馆，岛民喜欢观察、思考和学习，崇尚和追求真理，经常有著名科学家、社会学家、心理学家光顾并开设讲座。

A 岛：浪漫、美丽，有各种美术馆、音乐厅，街头雕塑和街头艺人随处可见，艺术气息浓厚，居民保持了传统的舞蹈、音乐和绘画，你有可能在路上就碰到著名的艺术家。

S 岛：岛民友善亲切，乐于助人，服务网络发达，人们重视互助、合作，关怀他人，教育与医疗服务完善，充满人文气息，你能够结识慈善家、社会工作者、优秀教师。

我最想去的是：_____、_____、_____

心理视窗

不同的人有不同的兴趣，兴趣上的差异是构成人们职业选择的重要依据。兴趣在职业活动中的作用应引起人们的重视，特别是对于初选职业的人。

下面简要介绍加拿大职业分类词典中的职业兴趣类型与职业的吻合情况。

兴趣类型①——愿与事物打交道。

这类人喜欢同事物打交道，而不喜欢与人打交道。相应的职业有制图、勘测、工程技术、建筑、机器制造、出纳、会计等。

兴趣类型②——愿与人接触。

这类人喜欢与人交往，对销售、采访、传递信息一类的活动感兴趣。相应的职业有记者、推销员、服务员、教师、护士、行政管理人员、外交联络员等。

兴趣类型③——愿做有规律的工作。

这类人喜欢常规的、有规律的活动，习惯于在预先安排好的程序下工作。相应的职业有邮件分类、图书管理、档案管理、办公室工作、打字、统计等。

兴趣类型④——喜欢从事社会福利和助人工作。

这类人乐意帮助人，他们试图改善他人的状况，帮助他人排忧解难。相应的职业有律师、咨询人员、科技推广人员、医生、护士等。

兴趣类型⑤——愿做领导和组织工作。

这类人喜欢掌管一些事情，希望受到尊敬和获得声望，他们在单位中起着重要作用。相应的职业是各级各类组织领导管理者，如行政人员、管理干部等。

兴趣类型⑥——喜欢研究人的行为。

这类人对人的行为举止和心理状况感兴趣，喜欢谈论人的问题。相应的职业大都是研究人、管理人的工作，如心理学、政治学、人事管理、思想政治教育等研究工作及教育、行为管理工作。

兴趣类型⑦——喜欢从事科学技术事业。

这类人对分析、推理、测试等活动感兴趣，长于理论分析，喜欢独立地解决问题，也喜欢通过实验得到新发现。相应的职业有生物、化学、工程学、物理学、地质学等工作。

兴趣类型⑧——喜欢抽象的和创造性的工作。

这类人对需要想象力和创造力的工作感兴趣，大都喜欢独立地工作，对自己的学识和才能颇为自信，乐于解决抽象的问题，且急于了解周围的世界。相应的职业大都是科学研究工作和实验室工作，如从事社会调查、经济分析、各类科学研究、化验、新产品开发等工作。

兴趣类型⑨——喜欢操作机器的技术工作。

这类人对运用一定技术操作各种机械、制造新产品或完成其他任务感兴趣。他们喜欢使用工具，特别是喜欢大型的、马力强的先进的机器，喜欢具体的东西。相应的职业有飞行员、驾驶员、机械制造、建筑、石油、煤炭开采等工作。

兴趣类型⑩——喜欢具体的工作。

这类人希望能很快看到自己的劳动成果，愿从事制作能看得见、摸得着的产品的工作，并从完成的产品中得到满足，如从事室内装饰、园林、美容、理发、手工制作、机械维修、厨师等工作。

根据这种分类，一种兴趣类型可以对应多种职业，同时绝大多数的职业也都与多种兴趣类型的特点相近，而每一个人往往又都同时具有其中几种类型的特点。如你要成为一名教师，那你就应具有愿与人接触（类型②）、喜欢研究人的行为（类型⑥）这两方面的兴趣类型；如果你对其中的某一方面缺乏兴趣，那就应努力培养和发展这方面的兴趣以适应职业的要求，否则，还是选择更适合你兴趣类型的职业为好。

心理测试

兴趣与择业自测量表

美国职业指导专家霍兰德在其一系列关于人格与职业关系的假设的基础上，提出了六种基本的职业兴趣类型。下面分别就这六种职业类型列举了10项活动，选择汇总之后，请找出你的兴趣所在，希望这能助你选择喜欢的职业。

（R）现 实 型	喜欢	不喜欢
A. 参加制图绘图学习班		
B. 参加机械和电力学习班		
C. 参加木工技术学习班		
D. 用木头加工东西		
E. 开某一种车辆		
F. 使用机器加工东西		
G. 装配修理电器或玩具		
H. 修理自行车		
I. 驾驶卡车或拖拉机		
J. 装配修理机器		
总计次数		

（I）研 究 型	喜欢	不喜欢
A. 化学课		
B. 调查了解金属等物质的成分		
C. 在实验室工作		
D. 生物课		
E. 读科技图书和杂志		
F. 物理课		
G. 几何课		
H. 改良水果品种，培育新的水果		
I. 做数学游戏		
J. 研究自己选择的特殊问题		
总计次数		

（A）艺 术 型	喜欢	不喜欢
A. 创作诗歌或吟诵诗歌		
B. 参加美术或音乐培训班		
C. 阅读剧本、小说		
D. 欣赏戏剧或音乐		
E. 从事摄影创作		
F. 参加乐队或练习乐器		
G. 参加制图或素描训练		
H. 参加话剧或戏剧表演		
I. 练习书法		
J. 设计家具，布置室内环境		
总计次数		

（S）社 会 型	喜欢	不喜欢
A. 结识新朋友		
B. 出席茶话会、晚会、联欢会		
C. 照顾儿童		
D. 帮助别人解决困难		

（续上表）

（S）社　会　型	喜欢	不喜欢
E. 参加学校或单位组织的各类活动		
F. 参加某个社会团体的活动		
G. 参加辩论会，听各种讲座		
H. 想获得关于心理方面的知识		
I. 观看或参加体育比赛和运动会		
J. 和大家一起出外郊游		
总计次数		

（E）企　业　型	喜欢	不喜欢
A. 检查与评价别人的工作		
B. 在社会团体中担任某种职务		
C. 结识名人		
D. 谈论政治		
E. 制订计划，参加会议		
F. 从事商业活动		
G. 经常说服鼓励他人		
H. 以自己的意志影响别人的行动		
I. 指导各种具有某种目标的社会团体		
J. 参与政治活动		
总计次数		

（C）常　规　型	喜欢	不喜欢
A. 抄写文件或信件		
B. 参加情报处理工作		
C. 整理报告记录		
D. 检查个人收支情况		
E. 参加打字培训		
F. 整理好桌面和房间		

（续上表）

（C）常　规　型	喜欢	不喜欢
G. 参加商业会计培训班		
H. 起草商业贸易信函		
I. 替人写报告或公务信函		
J. 参加文秘等实务培训		
总计次数		

在这六种类型所列举的活动中，你选择"喜欢"次数多的就是你的兴趣类型所在，可以据此选择适合自己的职业。各类型的特点及其适应的工作分别是：

（1）现实型（R）。基本的人格倾向是喜欢有规律的具体劳动和需要基本操作技能的工作，但缺乏社交能力，不适应社会性质的职业。具有这种类型人格的人，其典型的职业包括技能性职业（如一般劳动、技工、修理工等）和技术性职业（如摄影师、机械装配工等）。

（2）研究型（I）。基本的人格倾向是具有聪明、理性、精确等人格特征，喜欢抽象的、分析的、独立的定向任务以及这类研究性质的职业，愿意选择那些需要运用智慧、词、符号和观念进行工作的工作环境，但缺乏领导才能。其典型职业包括科学研究人员、工程师等。

（3）艺术型（A）。基本的人格倾向是具有想象、冲动、直觉、理想化、有创意、不重实际等人格特征，适合在需要运用感情、想象来观赏、理解和创造艺术形式的环境中工作，但不善于事务工作。其典型职业包括艺术方面的（如演员、导演、摄影师、作曲家等）和文学方面的（如诗人、剧作家等）。

（4）社会型（S）。基本的人格倾向是具有合作、友善、善社交、善言谈、洞察力强等人格特征，有较强的社交能力以及教导别人的能力，善于从事那些要利用人与人之间的关系的职业和对人感兴趣的工作，能够在要求理解他人矛盾的环境中如鱼得水。其典型职业包括教育工作者和社会工作者。

（5）企业型（E）。基本的人格倾向是有野心，具有冒险、独断、乐观、自信、精力充沛等人格特征，喜欢从事领导及企业性质的职业，愿意选择那些有高度能量、高度热情和开拓精神的工作，以及具有关键作用和推动作用的任务。

其典型职业包括政府官员、企业领导、律师、广告宣传员、公关人员等。

（6）常规型（C）。基本的人格倾向是具有顺从、谨慎、保守、实际、稳重等人格特征，喜欢有系统、有条理的工作任务，适合需要对众多信息进行系统处理的工作环境。其典型职业包括办公室职员、会计、成本估算员、税务员、打字员等。

心理故事

在很多同龄人仍在校园中为前途迷茫的时候，一个 20 岁的上海小丫头已经背起行囊远赴北京，走进中央电视台的后期制作机房，开始了自己的梦想。

她就是上海商贸旅游学校 2011 届美术专业学生王莹。虽然只有中职学历，但凭借着全国职业技能大赛第一名的优异成绩，被中央电视台后期制作部门破格录用，参与了《夕阳红》等央视名牌节目的制作。

选择中职，并非因为成绩不好。事实上，王莹中考成绩超过了 500 分，进一所好高中完全没有问题。但是，从小喜欢画画的她，偶然在报纸上看到商贸旅游学校的招生简章后，对该校美术专业产生了兴趣，一个人跑到学校了解专业情况。

进入中职之后，从练习美术基本功到熟悉各种软件，王莹觉得心底里那个调皮、活跃、快乐的自己正在苏醒。"老师鼓励我们自己动手，自己找素材，自己想创意，自己发现问题。"王莹觉得，自己的学习热情被激发了出来，也渐渐找到了自己的职业方向。

中职三年级时，为了备战"星光计划"职业技能大赛，需要使用一款名为"Avid Media Composer"的剪辑软件，其特技、转场效果等各个环节都和她以前使用的软件有很大不同，王莹每天都要在学校机房里"泡"至晚上 10 点以后才回家。学校和一些影视制作公司开展校企合作，专业技术人员不仅会不定时踏上讲台，还会带着一整套电视台后期制作设备走进校园，这让王莹觉得，学习成了很"过瘾"的事。

扎实的专业技能功底，不仅为王莹带来了一块金牌，在踏上工作岗位后，她更是经常被师傅表扬"上手快"，她觉得奥秘就在于"学校学的专业技能和实际岗位需求真的是'零时差'"。

能被央视录用，王莹已经得到不少羡慕的目光。不过她仍不满足，去年，她通过了成人高考，进入中国传媒大学攻读电视编导专业。用更丰厚的文化底蕴支撑创意生涯，是她对自己的新要求。

[陆梓华. 商贸旅游学校毕业生闯进央视 小丫中职生被夸"上手快".
新民晚报，2012－05－26]

心灵鸡汤

从卡车司机到电影之神

2009 年，《阿凡达》横空出世，上映 39 天，打破《泰坦尼克号》保持 13 年的全球总票房第一的纪录。执导《阿凡达》的就是大名鼎鼎的詹姆斯·卡梅隆，两度创造电影投资的最高纪录，《泰坦尼克号》获得了 11 个奥斯卡奖项，平了《宾虚》的获奖数量纪录，《阿凡达》全球总票房第一，成为 20 世纪最引人注目的导演。詹姆斯·卡梅隆是怎样走上电影这条道路的呢？

1954 年 8 月 16 日，詹姆斯·卡梅隆出生在加拿大安大略省的一个中产阶级家庭，他的父亲是一个电子工程师，母亲是一个艺术家。他自幼便喜爱科幻，12 岁时所写的一部科幻小说是他的科幻影片《深渊》故事的原型。在他 14 岁的时候，他看到了斯坦利·库布里克执导的电影《2001：太空漫游》，从此他有了制作电影的愿望，他开始用父亲的 8 毫米摄影机拍摄一些简陋的影片。

中学毕业以后，詹姆斯·卡梅隆被加利福尼亚州立大学的物理系录取，但他很快就对大学的课程感到厌倦和失望，便逃出校园去闯荡社会。在这段落魄的时期，卡梅隆干过修理工，也做过卡车司机。

1977 年，22 岁的卡车司机詹姆斯·卡梅隆和一个朋友去看《星球大战》，朋友陶醉于电影之中不能自拔，卡梅隆却在离开影院之后准备打拳击发泄一下。

卡梅隆面临一个令人泄气的现实：他从小便幻想的世界已经被卢卡斯带进了人们的生活……但另一方面，他也激动地意识到这就是他想要创造的东西，并为之振奋。

那一年，他决定将拍电影作为自己的事业。他说："我选择的职业是电影。我喜欢讲故事，画画，电影看起来是最合适的工作。"可见，只有电影才是他的兴趣所在，才是他终身追求的目标。

（豆瓣，https://www.douban.com/note/684499501/）

心灵感悟

第二节　性格与职业

个案分析

　　小陈是一个文静、内向的女孩，刚毕业的时候，考虑到户口、城市发展的因素，她进了一家企业的办公室做企划工作。半年下来，她发现自己不太愿意与人打交道，讨厌那些没完没了的交流会，更不喜欢一群人闹哄哄地做事，工作做得十分压抑，为心苦不堪言。

　　后来她痛定思痛，下决心辞职，去了一家杂志社做编辑，她真正体会到了工作的快乐，因为编辑这份工作不需要过多的上传下达，操作相对独立，她驾驭着自己喜欢的文字，内心丰富细腻的情感终于有了出路。她不仅能把自己独特的构思、想法通过这些文章表达得淋漓尽致，版面也做得相当精致，很快就成了杂志社的金牌编辑。

　　你认为小陈的性格特点是：_____

　　小陈的成功给你什么启示：_____

　　_____

性格是一个人对事物的稳定态度和与其相适应的习惯化了的行为方式。比如有的人热情好客，有的人冷漠粗暴；有的人喜欢对周围的人和事评头论足，有的人却沉默寡言，不愿发表意见。这些就是不同的人对现实事物的稳定态度和行为方式的区别，形成了不同的性格。职业性格是指人们在长期特定的职业生活中所形成的与职业相联系的比较稳定的心理特征，比如有的人工作严谨，有的人办事粗心。

日常生活中，我们经常用内向和外向来区别一个人的性格特征，这是最简单可行的性格分类办法。一些学者根据职业与性格的关系，把职业性格分为九种类型。

（1）变化型。其特点是在新的和意外的活动或工作情境中感到愉快，喜欢有变化的和多样化的工作，善于转移注意力。适合从事的职业有：记者、推销员、演员等。

（2）重复型。其特点是适合连续从事同样的工作，按固定的计划或进度办事，喜欢重复的、有规律的、有标准的工种。适合从事的职业有：纺织工、机床工、印刷工、电影放映员等。

（3）服从型。其特点是愿意配合别人或按别人指示办事，而不愿意自己独立做出决策，担负责任。适合从事的职业有：办公室职员、秘书、翻译等。

（4）独立型。其特点是喜欢计划自己的活动和指导别人的活动或对未来的事情做出决定，在独立负责的工作情境中感到愉快。适合从事的职业有：管理人员、律师、警察等。

（5）协作型。其特点是与人协同工作时感到愉快，善于引导别人，并希望得到同事们的喜欢。适合从事的职业有：社会工作者、咨询人员等。

（6）劝服型。其特点是通过谈话或写作等方式使别人认同自己的观点，对别人的反应有较强的判断力，并善于影响别人的态度和观点。适合从事的职业有：辅导员、行政人员、宣传工作者、作家等。

（7）机智型。其特点是在紧张和危险的情况下能自我控制，沉着应对，发生意外和差错时能不慌不乱地出色完成任务。适合从事的职业有：驾驶员、飞行员、消防员、救生员等。

（8）自我表现型。其特点是喜欢表现自己的爱好和个性，根据自己的情感做出选择，通过自己的工作来表达自己的思想。适合从事的职业有：演员、诗人、音乐家、画家等。

（9）严谨型。其特点是注重工作过程中各个环节、细节的精确性，愿意按规划和步骤将工作尽可能做得完美，倾向于严格、努力地工作以看到自己出色完成工作的效果。适合从事的职业有：会计、出纳员、统计员、校对员、图书管理员、档案管理员、打字员等。

值得注意的是，绝大部分职业都同时与几种性格类型特点相似，而一个人也可能同时具有几种职业性格类型的特点。因此，上面提到的性格与职业的吻合，只是一种概括，不可能适用于每一个人，应根据个人的性格与职业的要求，具体情况具体处理，不能一概而论。

心理故事

每种性格都成才

19世纪末，一个男孩降生于布拉格一个贫穷的犹太家庭里。随着男孩一天天长大，人们发现他虽生为男儿身，却没有半点男子气概。他性格内向、敏感、多虑，防范和躲避的意识在他心中根深蒂固。

男孩的父亲竭力想把他培养成一个男子汉，希望他具有刚毅勇敢的性格。在父亲严厉的培养下，男孩的性格不但没有变得刚烈勇敢，反而更加懦弱自卑，以至于生活中的每一个细节、每一件小事对他来说都是一个不小的灾难。他常常独自躲在角落里，小心翼翼地猜度着将会有怎样的伤害落到他的身上。

父亲对儿子彻底失望了，能让他去当兵、去冲锋陷阵吗？不可能，部队还没有开始选拔，他也许就已经当了逃兵。让他去从政？依靠他的智慧、勇气和决断力，要从各种繁杂势力的矛盾冲突中寻找出一种平衡妥当的解决方法，那更是可望而不可即的幻想。他也不可能做律师，内向懦弱的性格怎么能面对法庭上紧张激烈的辩论？懦弱内向的性格，也许是人生的悲剧，即使想要改变也改变不了。

但是，这个男孩后来成为闻名世界的文学家，他就是捷克作家卡夫卡。

为什么会这样？原因就在于卡夫卡找到了适合自己性格的职业。性格内向、懦弱的人往往有着丰富的内心世界，能敏锐地感受到一般人感受不到的东西。他们也许是外部世界的懦夫，却是精神世界的国王。在自己营造的艺术王国中，在这个精神家园里，卡夫卡的懦弱、悲观、消极等性格弱点，反倒使他对世界、生活、人生、命运有了更尖锐、敏感、深刻的认识。他以自己在生活中受到的压抑、苦闷为题材，开创了文学史上一个全新的艺术流派，给我们留下了《变形记》《城堡》《审判》《美国》等不朽的文学巨著。

试想一下，如果卡夫卡当初听从父亲的话去做律师，法律界可能就多了一个失败的律师，而世间也就少了这些不朽的巨著。

心理测试

性格与择业自测量表

英国职业心理学家制定出一套衡量个性特点的测试，将现代职业分为四大类：人、程序与系统、交际与艺术、科学与工程，每一大类又可进一步分为若干项。回答以下题目，你可以自我判定性格与职业的相称程度。

下面四个表中共有 64 个具体问题，每个问题后都有两个可供选择的答案，如果这个问题与你本人的情况相符，请将"是"栏中的字母画圈；如果不符，则将"否"栏中的字母画圈。最后按画圈的字母数计分。每个 A 或 B 均得 1 分，多少个 A 就得多少分；同理，B 也一样。要仔细阅读，每一道题目只选一个答案。问题都答完后，将你所选定的 A 和 B 按要求分别填入计分栏内。忽略所选定的 C，C 只表示你对某一类型工作缺乏兴趣，故不具体计分。

第一类：人

题目	是	否
我在做出决定前常考虑别人的意见	A	C
我愿意处理统计数据	C	A
我总是毫不犹豫地帮助别人解决家庭问题	A	C
我常常忘记东西放在哪里	B	C
我很少能通过讨论说服别人	C	B
大多数人认为我可以忍辱负重	C	A
在陌生人中我常感到不安	C	B
我很少吹嘘自己的成就	A	C
我对世事感到厌倦	B	C

（续上表）

题目	是	否
我参加一项活动的主要目的是取胜	C	A
我容易被大多数人动摇	C	B
我做出选择后就会按照我的办法去做	C	A
我的工作成就对我很重要	B	C
我喜欢既需要大量体力又需要脑力的工作	B	C
我常问自己的感受如何	A	C
我相信那些使我心烦意乱的人自己心里清楚	C	B

得分统计（不计算答案 C）：

A 得分　　　　　照料人　

B 得分　　　　　影响人　

A 和 B 总分　　　人　

第二类：程序与系统

题目	是	否
我喜欢整洁	A	C
我对大多数事情都能迅速做出结论	C	A
受过检验和运用过的决议最值得遵循	A	C
我对别人的问题不感兴趣	B	C
我很少对别人的话提出疑问	C	B
我并不总是能遵守时间	C	A
我在各种社交场合下都感到坦然	C	B
我做事总是愿意先考虑后果	A	C
我对在限定的时间内急迫完成一件事很有兴趣	B	C
我喜欢接受紧张的新任务	C	A
我的论点通常可信	C	B
我不善于核对细节	C	B
明确、独到的见解对我是很重要的	B	C
别人会约束我的自我表达	C	A
我总是努力完成已经开始的事情	A	C

（续上表）

题目	是	否
大自然的美使我震惊	C	B

得分统计（不计算答案 C）：

A 得分　　　　　　言语

B 得分　　　　　　数据处理

A 和 B 总分　　　　程序与系统

第三类：交际与艺术

题目	是	否
我喜欢在电视节目中扮演角色	A	C
我有时难以表达自己的意思	C	A
我觉得我能写短篇故事	A	C
我能为新的设计提供蓝图	B	C
关于艺术我所知甚少	C	B
我愿意做实际的事情，而不愿读书或写作	C	A
我很少留意服装设计	C	B
我喜欢同别人谈论	A	C
我有满脑子的独创思想	B	C
我发现大多数小说很无聊	C	A
我特别不具备创造力	C	B
我是个实实在在的人	C	A
我愿意将我的照片、图画给别人看	B	C
我能设计有直观效果的东西	B	C
我喜欢翻译外文	A	C
不落俗套的人使我感到很不舒适	C	B

得分统计（不计算答案 C）：

A 得分　　　　　　文学、语言、传播

B 得分　　　　　　可视艺术与设计

A 和 B 总分　　　　交际与艺术

第四类：科学与工程

题目	是	否
辩论中，我善于抓住别人的弱点	C	A
我几乎总是自由地做出决定	C	A
想个新主意对我来说不成问题	A	C
我不善于令别人相信	B	C
我喜欢事前做好准备	C	B
抽象的想象有助于解决问题	C	A
我不善于修修补补	C	B
我喜欢谈不可能发生的事	A	C
别人对我的议论不会使我难受	B	C
我主要靠直觉和个人感情解决问题	C	B
我办事有时半途而废	C	A
我不隐藏自己的情绪	C	A
我发现解决实际问题很容易	B	C
传统方法通常是最好的	B	C
我珍惜我的独立性	A	C
我喜欢读古典文学作品	C	B

得分统计（不计算答案 C）：

A 得分　　　　　研究

B 得分　　　　　实际

A 和 B 总分　　　科学与工程

评分与解释

　　四个表中，有 4 个总分。0～4 分表明对某一类工作兴趣不大；5～12 分表明居中；13 分以上表明兴趣很浓。这四个表中总分最高的类型的工作最适合你，最能满足你的个性需求。根据 A 和 B 的得分多少，可以进一步来确定职业范围的具体工作。

　　人：在这一大类中如果 A 得分多于 B，则说明你应该在医务工作、福利事业中寻找职业，如医生、健康顾问、摄影师、社会工作人员、教师或演说家。如果 B 得分多于 A，那么你对治理、商业或管理方面的工作会感到得心应手，如从事警察、安全警卫、贸易代理、市场管理、资本开发、广告经营或市场研究等工作。

程序与系统：在这一大类中，如 A 得分多于 B，表明你适合做行政管理、法律或宗教类工作，如办公室主任、人事管理、组织秘书、律师、职业秘书、图书管理员、档案管理员、书籍研究或记录员。如 B 得分多于 A，那么你更适合做金融和资料处理工作，包括从事会计、银行职员、估价、保险统计、计算机程序和系统分析等工作。

交际与艺术：在这一大类中，A 得分多于 B 则表明你适合做编导、文学或语言工作，如记者、翻译、电台或电视台研究员、广告抄写员或公共事务管理员。如果 B 得分多于 A，表明你更适合做设计和可视艺术工作，如从事图案设计、制图、建筑、内部设计、剧场设计、时装设计和摄影等工作。

科学与工程：这类工作可分为研究和实际两种，A 得分多则适于前者，B 得分多则适于后者，但由于这类工作中的大部分职业既包含研究又有应用，所以不可能按照 A 或 B 得分多少而做出更具体的规定。从事这类工作的一般是生物学家、物理学家、化学家、机械工程师和土木工程师等。

（阎观潮，张玉波．职场起步．北京：机械工业出版社，2005）

心灵鸡汤

求职跟着性格走

David 在某快速消费品行业的市场部工作了 3 年，在老板眼中，他是个不折不扣的敬业小伙子；在同事眼中，他一直是沉默却肯干、无大功亦无大过的同仁。然而 David 自己知道，他工作得并不开心。一直以来，在市场部里 David 只从事流程化的作业；在开拓方面，有限的几次尝试都无功而返。只是由于做事踏实，David 被看作公司不可或缺的老员工，能让老板放心。但他明白，只靠这些本钱要获得晋升是很困难的。几个同期进来的员工，不是换了部门，就是觅得了自己的一方天地，而他却做着日复一日的重复劳动。尽管收入在部门里也不算低，可 David 感到前途暗淡。

为了改变自己的职业现状，David 找了几家职业顾问公司做了职业测试，测试结果大同小异，赫敦管理顾问有限公司首席顾问张建勤女士认为，David性格中稳定的成分居多，小心谨慎，而且各项指标显示他的人格特征以内向、感性、思考和泛知为主。这表明，David的问题出在了性格与职业不完全吻合上。在市场部这样一个以开拓性为主的部门，缺乏创意和一定的冒险精神是难以获得大业绩的。难怪David尽管一直努力使自己融入这样的团队工作气氛中，结果却只是感到压抑。

如果保持现状，David很可能永远只是一个企业的中级员工，虽然在经验方面David已经积累了比较大的优势，在人际关系上，也永远处于不好不坏的局面，但是要打出自己的一方天地，可谓难上加难。因此，跳槽、寻找适合自己性格特征的职业，是改变David职业前途的当务之急。眼下David的年龄已经将近30岁，再不及时调整自己的方向，找到适合自己的职位，则会对他的职业生涯产生莫大的影响。

其实，David的优势还是很明显的。首先，他有大型外企工作背景，容易得到同类外资企业的认可；其次，David在英语公文、英语口语上均达到了一定程度，良好的语言能力为其转型发展打下了扎实的基础；再次，3年的工作经验，经历了外企的文化熏陶也给David带来了相应的成熟度；最后，David稳重踏实的个性也是不少企业职位所需要的。

根据David的优劣势和性格特征，David最好的选择是继续在外资企业从事诸如人事管理、生产管理等职位，这些职位需要严谨安静的性格和人际亲和力，而这些都是David与生俱来的特质。

最后，以David相对沉稳的性格来说，他跳槽的最佳方案应该是企业内部的横向流动。一般来说，对于他这样已经有了3年工作经历的员工，企业会注重他自身的发展需求。只需在合适的时机用合适的方式表达自己想"跳槽"的意愿，他应该会得到部门主管及HR部门的考虑。而跳槽去其他外企当然是比较快速的办法，但毕竟"做生不如做熟"，在一个已经熟悉了的企业文化里继续发展，总比去重新熟悉一和新的企业文化省力一些。

第三节　能力与职业

个案分析

陈兵，30 岁，某中职院校毕业，专业是计算机技术，1998 年毕业后在一家中型电脑公司任职。在前几年 IT 业火爆的时间里，月薪 4 000 元，春风得意。然而没过多久，IT 业已经不如过去那般独领风骚，陈兵的身价也一落千丈。为了使自己多赚几桶金，陈兵在朋友的鼓动下，进了一家外资保险公司做业务员，老板当初承诺给他月薪 2 000 元加提成，计算一下陈兵的月收入可以达到 5 000 元。然而，事实并非如陈兵所预料的那样，他以前从事的是计算机行业，对保险和营销行业一窍不通，因此在工作中困难重重。为了拉到客户，陈兵挖空心思，从各处着手，不仅向亲戚朋友推销，而且走街串巷，奔走于大小公司，每日早出晚归。亲戚朋友对陈兵这种地毯式的推销很反感，都快要下逐客令了，而办公楼的保安们见到陈兵也提高了警惕。

你认为陈兵具备的能力是_____

你认为保险行业需要的能力是_____

你认为陈兵的根本问题是_____

心理视窗

能力是直接影响人们活动效率、保证人们顺利完成某种活动所必需的个性心理特征。如一名好的营业员，应当善于观察顾客的购买动向，探索顾客需求，能与顾客沟通信息，判断顾客的心理活动；能娴熟介绍与展示商品，并进行有关的技术操作。为此，特别要求营业员具有较强的职业观察、职业注意和职业表达能力。职业能力是与人的职业活动密切相关的，一方面，人的职业能力是在学习和职业实践中形成和发展的，并在职业活动中得到表现；另一方面，具有某种职业能力就能保证顺利完成某种职业活动。职业能力的强弱，直接影响职业活动效率的高低。

人的个性特点不同，能力表现也不一样，在职业活动中，各人对职业的适应也会有很大的差异。下面简单介绍几种职业能力特点及其相应的职业。

（1）一般学习能力，又称智力。它是指人认识、理解客观事物并运用知识、经验等解决问题的能力。它包括记忆能力、观察能力、注意能力、想象能力和思维能力，其核心是逻辑思维能力。一般学习能力是人在学习、工作、日常生活中必须具备的、广泛使用的能力。职业或专业的水平越高，对人的一般学习能力的要求越高。例如，要当好一名医生，必须具有较高的智力水平；当一名护士，则只需要中等智力水平；而当一名护理员，智力水平稍低的人亦能胜任。

（2）语言表达能力。语言表达能力是指对词语及其含义的理解和使用能力，对词语、句子、段落、篇章的理解能力，以及善于清楚而正确地表达自己的观点和向别人介绍信息的能力。简单来说，它包括语言文字的理解能力和口头表达能力。不同的职业对人的语言能力要求不同，如教师、营业员、服务员、护士等职业就必须具备较强的语言表达能力。

（3）算术能力。算术能力是指迅速而准确地运算的能力。大部分职业都要求工作者有一定的算术能力，但不同的职业对人的算术能力要求的程度不同。例如，对于会计、出纳、统计员、建筑师、工业药剂师等职业来说，工作者必须具有较强的算术能力；而演员、话务员、招待员、厨师、理发员、导游等职业对算术能力的要求较低。

（4）空间判断能力。空间判断能力是指能看懂几何图形、识别物体在空间运动中的联系、解决几何问题的能力。如果一个人爱好平面几何及立体几何并且学得较好，这个人的空间判断能力就比较强。如与图纸、工程、建筑等相关的工作，以及牙科医生、内外科医生等职业，对空间判断能力要求很高。

（5）形态知觉能力。形态知觉能力是指对物体或图像的有关细节的知觉能力，如能对图形的阴暗、线的宽度和长度做出视觉的区别和比较。对于生物学家、建筑师、测量员、制图员、农业技术员、医生、药剂师、画家、无线电修理工来说，需要较强的形态知觉能力；而对于历史学家、政治学家、社会服务人员、招待员、售货员、办公室职员来说，形态知觉能力就不那么重要了。

（6）事务能力。事务能力是指对文字或表格材料细节的知觉能力，发现错字或正确校对数字的能力等。如设计、记账、出纳、办公室等工作，都必须具备一定的事务能力。

（7）动作协调能力。动作协调能力是指迅速准确和协调地做出精确的动作和运动的反应能力。对于驾驶员、飞行员、外科医生、运动员、舞蹈家来说，这种能力显得尤为重要。

（8）手指灵活度。手指灵活度是指手指迅速、准确、和谐地操作的能力。如纺织工、打字员、裁缝、外科医生、五官医生、护士、雕刻家、画家等，手指必须较一般人灵活。

（9）手灵巧度。手灵巧度是指手灵巧而迅速地活动的能力，像体育运动员、舞蹈家、画家、兽医等，手必须能灵巧地活动。

心理故事

婚纱女王 Vera Wang

王薇薇，出生于纽约曼哈顿上东区，祖籍中国江苏，虽未受过正统的服装设计训练，却在 40 岁时一手打造个人婚纱品牌"Vera Wang"，引得美国名流争相追捧。川普女儿、克林顿女儿、贝嫂维多利亚、汤唯……结婚时都穿的是 Vera Wang，每年的奥斯卡星光大道上，Vera Wang 礼服更是好莱坞女星们必备的战袍。

为何 Vera Wang 得到如此多明星名媛的青睐？翻看王薇薇的简历，我们可以看到她波折又精彩的职业经历。

王薇薇的第一份职业是花滑运动员。她 8 岁开始学习，立志成为一名伟大的花滑运动员，为此她刻苦训练，多次获得青少年组冠军，但在参加全美花滑总决赛时落败了，未能入选国家队，那年她 19 岁，运动员的梦想就此夭折了。

11 年的辛苦训练画上遗憾的句号，后来王薇薇随父母移居巴黎，开始了和时尚结缘的故事。她在巴黎大学攻读艺术史，课余在 YSL 店打工时，结识了法国版 *VOGUE* 的编辑，成为杂志实习生。之后，王薇薇前往美国 VOGUE 工作，开始了长达 16 年的编辑生涯。她从临时助理做起，一路向上，从撰稿人做到最年轻的资深编辑，眼看离职业顶峰越来越近，却在竞争主编时失败了。

职业梦想再次破灭，她决定离开 VOGUE。其他杂志伸来橄榄枝，但她却做了个出乎意料的选择——前往美国时尚品牌 Ralph Lauren 担任设计总监。离开熟悉的编辑工作，尝试非专业的设计，对于她而言是一次巨大的职业转变。正如她自己所说，"这是一次不计后果的冒险行为，以前的工作是创造时尚的图片，而如今是要创造真正时尚的产品"，但她坚定地去做了，这也为她日后自立门户埋下了伏笔。

在 Ralph Lauren 的第二年，40 岁的王薇薇要结婚了，可当时的婚纱千篇一律，缺乏时尚感。王薇薇便为自己设计并制作了婚纱，获得了来宾们的一致称赞。王薇薇从中嗅出了商机，她决定用自己的时尚品位重新定义婚纱。很快，她在麦迪逊大道开设了第一家婚纱精品店，Vera Wang 由此诞生。

然而，Vera Wang 一开始并没有引起太大波澜，直到两年后，王薇薇创造了一个让品牌大放光彩的机会。虽然离开花滑领域已久，但王薇薇依然关注这项运动，她争取到了为美国队设计参赛服装的机会。那年，花滑明星南茜·克里根穿着她设计的服装赢得了冬奥会铜牌，Vera Wang 自此开始走红。此后，王薇薇利用她的人脉不断为品牌增加影响力。第 70 届奥斯卡颁奖典礼上，莎朗·斯通身着 Vera Wang 为她量身定制的紫色长裙，上身搭配白衬衣亮相红毯。她撩人的装扮瞬间惊艳全场并被媒体盛赞，而 Vera Wang 也一举爆红。

2018 年，《福布斯》评选"美国最富有的白手起家女性"榜，王薇薇以年收入 6.3 亿排名第 34 位。从运动员，到时尚编辑、设计总监，再到最后个人创业，每一个职业生涯都在不断地提升她的职业能力，为实现最终的目标蓄力，可谓传奇般的人生。

首先，王薇薇的花滑运动员生涯培养了她的创造能力。花滑是一项融合了体育、音乐、编舞的综合活动，运动员们要有自己的想法，要用自己的肢体去创造美丽，去自由地表达心中所想。

其次，长达 16 年的时尚生活类杂志 *VOGUE* 的编辑生涯，滋养出王薇薇敏锐的时尚触角、卓越的审美能力、图片文字编辑能力、服装搭配能力和时尚圈的人际交往能力。

再次，在美国时尚品牌 Ralph Lauren 担任设计总监，成为 Ralph Lauren 设计师，虽然只工作了两年，却学到了设计应该遵循的高标准，提升了产品设计能力以及了解女性客户心理的能力。

最后，王薇薇创办了婚纱品牌 Vera Wang。凭着对时尚的独到见解，她抛弃了传统婚纱烦冗复杂的装饰，以简洁、时尚、优美的婚纱设计荣获了婚纱女王、时尚教母的称号。在婚纱设计师这个职业中，她完美地运用了以上能力：创造能力、审美能力、服装搭配能力、设计能力、时尚感以及人际交往能力，借此达到了人生的最高峰。

（哔哩哔哩，https：//www. bilibili. com/read/cv4165388/）

心理测试

职业能力倾向的自我测定

本测试把人的职业能力倾向分为 9 种，每种能力由一组 5 个题目反映。测试时，请仔细阅读题目，采用"五等评分法"进行自我评定，然后分别计算出自评等级。

一、一般学习能力倾向（G）	强 1	较强 2	一般 3	较弱 4	弱 5
1. 快而容易地学习新内容					
2. 快而正确地解数学题					
3. 你的学习成绩处于					
4. 对课文的字、词、段落、篇章的理解、分析和综合能力					
5. 对学习过的知识的记忆能力					

二、语言能力倾向（V）	强 1	较强 2	一般 3	较弱 4	弱 5
1. 善于表达自己的观点					
2. 阅读速度和理解能力					
3. 掌握词汇量的程度					
4. 你的语文成绩					
5. 你的文学创作能力					

三、算术能力倾向（N）	强 1	较强 2	一般 3	较弱 4	弱 5
1. 做出精确的测量					
2. 笔算能力					
3. 口算能力					
4. 打算盘					
5. 你的数学成绩					

四、空间判断能力倾向（S）	强 1	较强 2	一般 3	较弱 4	弱 5
1. 解决立体几何方面的习题					
2. 画三维度的立体图形					
3. 看几何图形的立体感					
4. 想象盒子展开后的平面图					
5. 想象三维度的物体					

五、形态知觉能力倾向（P）	强 1	较强 2	一般 3	较弱 4	弱 5
1. 发现相似图形中的细微差别					
2. 识别物体的细节部分					
3. 注意物体的细节部分					
4. 观察物体的图案是否正确					
5. 对物体的细微描述					

六、书写知觉能力倾向（Q）	强 1	较强 2	一般 3	较弱 4	弱 5
1. 快而准确地抄写资料（如姓名、日期、电话号码）等					
2. 发现错别字					
3. 发现计算错误					
4. 能很快查找编码卡片					
5. 自我控制能力（如较长时间抄写资料）					

七、眼手运动协调能力倾向（K）	强 1	较强 2	一般 3	较弱 4	弱 5
1. 玩电子游戏					
2. 打篮球、排球、足球一类活动					
3. 打乒乓球、羽毛球运动					
4. 打算盘能力					
5. 打字能力					

八、手指灵巧度（F）	强 1	较强 2	一般 3	较弱 4	弱 5
1. 灵巧地使用很小的工具					
2. 穿针、编织等使用手指的活动					
3. 用手指做一件小工艺品					
4. 使用计算器的灵巧程度					
5. 弹琴					

九、手的灵巧度（M）	强 1	较强 2	一般 3	较弱 4	弱 5
1. 用手把东西分类					
2. 在推拉东西时手的灵活度					
3. 很快地削水果					
4. 灵活地使用手工工具					
5. 在绘画、雕刻等手工活动中的灵活性					

评分与解释

1. 对每一类能力倾向计算总计次数。

对每一道题目，我们采取"强""较强""一般""较弱"和"弱"五个等级以供自评。每组5道题完成后，分别统计各等级选择的次数总和，然后用下面的公式计算出该类的总计次数（把"强"定为第一项，以此类推，"弱"定为第五项；第一项之和就是"强"的次数和）：总计次数 = （第一项之和×1） + （第二项之和×2） + （第三项之和×3） + （第四项之和×4） + （第五项之和×5）。

2. 计算每一类能力倾向的自评等级。

自评等级 = 总计次数/5。

3. 将自评等级填入下表。

职业能力倾向	自评等级	职业能力倾向	自评等级	职业能力倾向	自评等级
G		S		K	
V		F		F	
N		Q		M	

根据结果对照下表，可找到适合你的职业（等级数为职业能力倾向等级，表示此职业必须达到的职业能力的最低水平）。

职业类型	职业能力倾向								
	G	V	N	S	P	Q	K	F	M
生物学家	1	1	1	2	2	3	3	2	3
建筑师	1	1	1	1	2	3	3	3	3
测量员	2	2	2	2	2	3	3	3	3
测量辅导员	4	4	4	4	4	4	3	4	3
制图员	2	3	2	2	2	3	2	2	3
建筑和工程技术专家	2	2	2	2	2	3	3	3	3
建筑和工程技术员	2	3	3	3	3	3	3	3	3
物理科学技术专家	2	2	2	2	3	3	3	3	3
物理科学技术员	2	3	3	3	2	3	3	3	3
农业、生物、动物、植物学技术专家	2	2	2	4	2	3	3	2	3

（续上表）

职业类型	职业能力倾向								
	G	V	N	S	P	Q	K	F	M
农业、生物、动物、植物学技术员	2	3	3	4	2	3	3	3	3
数学家和统计学家	1	1	1	3	3	2	4	4	4
系统分析和计算机程序编制者	2	2	2	2	3	3	4	4	4
经济学家	1	1	1	4	4	2	4	4	4
社会学家、人类学者	1	1	3	2	2	3	4	4	4
心理学家	1	1	2	2	2	3	4	4	4
历史学家	1	1	3	4	4	3	4	4	4
哲学家	1	1	4	3	3	3	4	3	4
政治学家	1	1	3	4	4	3	4	4	4
政治经济学家	2	2	2	3	3	3	3	3	5
社会工作者	2	2	3	4	4	3	4	4	4
社会服务助理人员	3	3	3	4	4	3	4	4	4
法官	1	1	3	4	4	3	4	4	4
律师	1	1	3	4	4	3	4	4	4
公证人	2	2	3	4	4	3	4	4	4
图书馆管理学专家	2	2	3	3	4	2	3	4	4
图书馆、博物馆和档案管理员	3	3	3	2	2	4	3	2	3
职业指导者	2	2	3	4	4	3	4	4	4
大学教师	1	1	3	3	2	3	4	4	4
中学教师	2	2	3	4	3	3	4	4	4
小学和幼儿园教师	2	2	3	3	3	3	3	3	3
职业学校教师（职业课）	2	2	2	3	3	3	3	3	3
职业学校教师（普通课）	2	2	3	4	3	3	4	4	4
内、外、牙科医生	1	1	2	1	2	3	2	2	2
兽医学家	1	1	2	1	2	3	2	2	3
护士	2	2	3	3	3	3	3	3	3
护士助手	2	4	4	4	2	2	2	3	2
工业药剂师	2	1	2	2	2	2	3	2	3
医院药剂师	2	2	2	4	3	2	3	2	3

（续上表）

职业类型	职业能力倾向								
	G	V	N	S	P	Q	K	F	M
营养学家	2	2	2	3	3	3	4	4	4
配镜师（医）	2	2	2	2	2	3	3	3	3
配眼镜（商）	3	3	3	3	3	4	3	2	3
放射科技术人员	3	3	3	3	3	3	3	3	3
药物实验室技术专家	2	2	2	3	2	3	3	2	3
药物实验室技术员	2	3	3	3	3	3	3	3	3
画家、雕刻家	2	3	4	2	2	5	2	1	2
产品设计和内部装饰者	2	2	3	2	2	4	2	2	3
舞蹈家	2	3	3	2	3	4	2	2	3
演员	2	2	4	3	4	4	4	4	4
电台播音员	2	2	3	4	4	4	4	4	4
作家和编辑	2	1	3	3	3	3	4	4	4
翻译人员	2	1	4	4	4	3	4	4	4
体育教练	2	2	2	4	4	3	4	4	4
运动员	3	3	4	2	3	4	2	2	2
秘书	3	3	3	4	3	2	3	3	3
打字员	3	3	4	4	4	3	3	3	3
记账员	3	3	3	4	4	2	3	4	4
出纳员	3	3	3	4	4	2	3	4	4
统计员	3	3	2	4	3	2	3	4	4
电话接线员	3	3	4	4	4	3	4	4	4
一般办公室职员	3	4	3	4	4	3	3	4	4
商业经营管理者	2	2	3	4	4	4	4	4	4
售货员	3	3	3	4	4	3	4	4	4
警察	3	3	3	3	3	3	3	4	3
门卫	4	4	5	4	4	4	4	4	4
厨师	4	4	4	4	3	4	3	3	3
招待员	3	3	4	4	4	4	3	4	3
理发师	3	3	4	4	3	4	2	2	2

（续上表）

职业类型	职业能力倾向								
	G	V	N	S	P	Q	K	F	M
导游	3	3	4	3	3	5	3	3	3
驾驶员	3	3	3	3	3	3	3	4	3
农民	3	4	4	4	4	4	4	4	4
动物饲养员	3	4	4	4	4	4	4	4	4
渔民	4	4	4	4	4	5	3	4	3
矿工	3	4	4	3	4	5	3	4	3
纺织工人	4	4	4	4	3	5	3	3	3
机床操作工	3	4	4	3	3	4	3	3	3
锻工	3	4	4	4	4	4	3	4	3
无线电修理工	3	3	3	3	2	4	3	3	3
细木工	3	3	3	3	3	4	3	4	4
家具木工	3	3	3	3	3	4	3	4	3
一般木工	3	4	4	4	4	4	3	4	3
电工	3	3	3	3	3	4	3	3	3
裁缝	3	3	4	3	3	4	3	2	3

（阎观潮，张玉波．职场起步．北京：机械工业出版社，2005）

心灵鸡汤

IT 时代获取成功必须具备的十种能力

20 世纪 90 年代初出现的互联网标志着人类社会开始进入一个崭新的时代，这就是信息化时代，或者称为 IT 时代。在这个时代中，人才的竞争显得空前激烈，那么作为 IT 时代的人，应该具备哪些能力才能适应现在的社会环境，并最终走向成功呢？

一、应变能力

信息时代瞬息万变，要想在这多变的世界中获取成功，就必须要求自己练就一种非凡的应变能力。目前，全世界的人都在焦急地等待真正意义上的网络经济的到来。随着网络经济泡沫的减少和含金量的不断上升，人力资源的发现—培养—抛弃的循环过程会更快、更强，人力资源的更新周期大为缩短，在这种变幻莫测的环境中，我们时刻面临着更新自己知识体系的压力。作为高效快捷的信息时代中的主角，这就需要有随机应变的能力，对环境做出适当的调整，以备不时之需。

二、交流和发挥想象的能力

在信息时代中，能尽快被社会接纳的一个很重要的前提就是，我们必须具有把握信息和获取信息的能力，但要拥有这些能力就必须要求我们善于交流和发挥自己的想象。因为听得认真、写得明白、看得仔细、说得清楚、叙述准确将具有无可估量的价值。另外在快节奏的工作环境中，交流障碍很可能成为致命的问题。这种能力至关重要，它可以收集和获取广泛的知识信息，并对其中的一些知识、思维方法及观察视角加以借鉴，以便引导公司走向未来。

三、观察分析能力

现在的社会是一个网络社会，要想在这个社会中获取财富、走向成功，就必须有较强的观察和分析事物的能力。因为网络经济下财富的获得不是通过对已掌握的原有知识的完美组合，而是通过对尚不完善的新知识的捕捉。我们生活在这种网络经济环境中，要寻找到机会，将这些不完善的新知识转化为原始创新力。

四、开拓创新的能力

对于我们IT时代的人来说，创新是赢得成功的一个重要保证，创新能力是我们每一个社会公民都应该努力培养的能力。在信息社会背景下的市场，各种新的知识、新的商机层出不穷。这样，应聘者的思维能力、反应能力、判断能力及对事业追求的热爱和执着程度便成了单位或企业领导权衡一个人是否可用的准绳。今后将越来越需要在计算机、产品推销和管理工程等方面既懂理论又有实践经验的人才。

五、组织和表达能力

各种网络语言的出现在一种程度上影响了我们日常的表达能力和组织能力，此时我们应该有意识地在这方面加强培养。因为无论到哪儿，组织工作都是必不可少的，如调拨财力物力、设置工作流程、制定市场营销战略、寻找赢利机会等，这些都需要高水平的组织能力。另外，工作最有成效的IT人将是那些懂得如何表达信息和思想以得到别人理解与支持的人，出色的游说能力在未来人际交往中必不可少。

六、勇于承担责任和压力的能力

生活中信息时代的 IT 人，越来越感觉到工作节奏明显加快。网络经济的生长、成熟、衰退都有一个过程，但其成长速度对 IT 人来说似乎过于残酷。IT 人在感受 IT 给人带来成功的快感的同时，也要承担 IT 给人带来的巨大压力。IT 行业的人力超高流动性对网络经济是促进的，但对 IT 人并不公平，且并不受欢迎。他们可能在明天失去光环的同时还要考虑转行、担心被裁员。心理承受力对 IT 人来说也是一大考验。

七、业务专长能力

在 IT 时代，光有专业技术知识已经远远不够用了，IT 时代的人才要求快捷高效的"无纸办公"。这就要求我们必须把自己的专业才能与电脑、网络运用结合起来，有深厚专业技术的人必须懂得并将电脑和网络技术运用于专业上。电脑软件开发、电子商务操作等专业特长，则是单位和企业用人的优先条件。同时，网络时代的人才仅能够广泛地收集信息是远远不够的，更重要的是去理解信息、运用信息，使信息的价值得到充分发挥。

八、工作能力

在讲究经济效益的市场经济中，每一家企业都希望自己所招收的员工能很快胜任自己的工作，并在工作中取得好的成绩。这时，工作经验就成了一个 IT 人的重要本钱。在众多单位或企业老板的眼里，具有丰富工作经验的人才是能够为企业创造骄人业绩的人。

九、与他人团结协作的能力

信息时代的社会分工越来越细，某个工程或者是某个项目通常需要若干人通力协作才能完成。因此，在这个团结协作的过程中，我们不仅需要发挥个人的主人翁意识，更需要与其他协作的人共同发挥团队精神。网络时代的团队精神，不仅能表现一个人的品质，而且是高质、高效、出成果的前提和保证。

十、可转移能力

可转移能力是基于行动的一种能力，是指分析、写作、推理、管理等能力。在高效快捷的信息时代中，每个人一生不可能单纯地只会某一种职业，在企业和行业不断更新交替的今天，我们个人的学习技能和个人特质在不断求职过程中也随之不断更新，要想成功适应这种不断运动的社会，就要求我们 IT 人的能力也必须处于"运动"之中，而这个"运动"的能力就是我们所说的可转移能力。

心灵感悟

第四节　气质与职业

个案分析

　　王梅，26 岁，某中职院校文秘专业毕业，性格拘谨沉静，毕业后经学校推荐进入一家事业单位当秘书。领导意识到王梅的气质特征，所以尽量安排一些文字工作给她。王梅在 5 年的秘书生涯中一直平平淡淡，工作相当安逸，没有来自生活的压力，每月拿 2 000 元左右的薪水。然而许多事情并非人们所能预测的，单位领导退休了，新的领导对王梅的工作能力并不认可，他希望她的秘书八面玲珑，善于和别人沟通，这些要求都和王梅的气质相去甚远。为了保住这份工作，王梅只能硬着头皮干，她不得不接待不同的来访者，这对拘谨沉静的王梅来说很难适应，王梅感觉到前所未有的职业压力。

　　你认为王梅的气质类型是 _____

　　你认为王梅的根本问题是 _____

心理游戏

地点：某剧场门口。

时间：演出开始 10 分钟后。

人物：检票员、4 位迟到的观众。

情节：剧场规定演出开始 10 分钟后不许入场。4 位迟到者面对检票员的说明表现各不相同。

第 1 位：大吵大闹，怒发冲冠。

第 2 位：软硬兼施，找机会溜进去。

第 3 位：不吵不恼，虽然遗憾但还是理解剧院的做法，并自我安慰"好戏在后头"。

第 4 位：垂头丧气，十分委屈，认为自己总是很倒霉。

思考：这 4 位迟到者分别是什么气质类型？

心理视窗

气质是人的心理活动和行为方面的动力特征，是构成人的个性的重要部分。由于人的气质类型不同，其行为表现的特点也有很大的不同。一般人们把气质分为四种：多血质、胆汁质、黏液质和抑郁质。不同的气质类型具有不同的心理特征。下面简单介绍四种气质类型的心理特征和相适应的职业。

（1）多血质。多血质的心理特征属于敏捷而好动的类型。多血质的人由于神经过程平衡且灵活性强，更易于适应环境的变化，性情开朗、热情，善于交际；在群体中精神愉快，相处自然，常能机智地解决窘境；在工作和学习上肯动脑筋，常表现出机敏的工作能力和较高的办事效率；对外界事务有广泛的兴趣，不安于循规蹈矩的工作，情绪不够稳定，易于浮躁，时有轻诺寡信、见异思迁的表现。

多血质的人适合从事与外界打交道、灵活多变、富有刺激性和挑战性的工作，如外交、管理、记者、律师、驾驶员、运动员等。他们不太适合做过细的、单调的机械性工作。

（2）胆汁质。胆汁质的心理特征属于兴奋而热烈的类型。胆汁质的人表现为有理想、有抱负、有独立见解，反应迅速，行为果断，表里如一，在言语、表情和体态上都给人以热情直爽、善于交际的印象，不愿受人指挥而喜欢指挥别人；一旦认准目标，就希望尽快实现；遇到困难也百折不挠，有魄力，敢负责，但往往比较粗心，自制力较差，容易感情用事，有时有刚愎自用、鲁莽的表现，工作带有明显的周期性，能以极大的热情投身于事业，一旦筋疲力尽，情绪顿时转为沮丧而心灰意冷。

胆汁质的人喜欢从事与人打交道，工作内容不断变化、环境不断转换并且热闹的职业，如导游、推销员、节目主持人、公关人员等，但明显不适合需长期安坐、持久耐心的细致类工作。

（3）黏液质。黏液质的心理特征属于缄默而安静的类型。黏液质的人由于神经过程平衡且灵活性低，反应较迟缓，无论环境如何变化，都能基本保持心理平衡，凡事力求稳妥、深思熟虑，一般不做无把握的事，具有很强的自我克制能力；外柔内刚，沉静多思，很少流露出内心的真情实感；与人交往时，态度持重适度，不卑不亢，不爱抛头露面或做空泛的清谈；行动缓慢而沉着，有板有眼，严格恪守既定的生活秩序和工作制度，能够高质量地完成那些要求有坚韧不拔、埋头苦干的精神和需长时间地集中注意力、有条不紊的工作；其不足之处是过于拘谨，不善于随机应变，常常墨守成规，故步自封。

黏液质的人适合做稳定的、按部就班的、静态的工作，如会计、出纳员、话务员、保育员、播音员等。

（4）抑郁质。抑郁质的心理特征属于呆板而羞涩的类型。抑郁质的人在精神上难以承受或大或小的神经紧张，常被微不足道的小事引起情绪波动；情绪体验的方式较少，极少在外表流露自己的情感，但内心体验却相当深刻；喜欢独处，交往拘束，兴趣爱好少，性格孤僻，在友爱的集体里，可能是一个很易相处的人，对力所能及的工作认真完成，遇事三思而后行，求稳而不求快，因而显得迟缓而刻板；学习、工作易疲倦，在困难面前怯懦、自卑、优柔寡断。

抑郁质的人适合从事安静、细致的工作，如校对员、打字员、排版员、检查员、化验员、登记员、保管员等。

任何一种气质类型，都有积极的一面，也有消极的一面，所以，气质并没有绝对的好坏之分。气质也不决定一个人的成就水平，历史上的伟人，各种气质类型的都有。气质所能影响的，只是人的思维活动方式。任何一类气质的人在现实生活中既可以是优秀的人才，也可能成为碌碌无为之辈，问题的本质不在于气质类型及其心理特征，而在于对生活的信念和追求。

心理故事

气质类型故事

张才赶考中榜，皇帝委派他出任 JA 县县官。到了 JA 县，张才想在赴任前雇佣几个仆人。于是张才在 JA 县城的大街上到处溜达，并留意各种人选。转了几条大街，张才也没有找到合适的人选。

临近中午，天气太热，张才慢步走进一座茶馆里，要了一壶茶，独自品茶消暑。突然，张才看到临近的桌上也有一位客人在喝茶。此公年约四十，皮肤较白，像是一个有点学问但无成就的落魄秀才。此公喝茶动作极慢，只见他打开茶碗的盖子，慢慢吹一吹，仔细地看一看茶水的颜色，再轻轻喝一小口，然后再品一品茶的滋味，之后再打开茶碗的盖子重复前一次动作。张才觉得这位客人特别有趣，就一边喝茶，一边观察。

此时，外面传来一阵急促的脚步声，一位年轻的小伙跑进了茶馆。这位小伙一进茶馆就喊："老板，快沏一壶茶！"跑堂的赶紧送上一壶茶，此公连茶杯也不用，端起茶壶，对着壶嘴，咕咚咕咚地一饮而尽，谁知茶水太烫，此公被烫得半天没有缓过气来，气得他大声喊叫："老板，你这是什么茶？几乎烫死我了！"

张才看得正有趣，外面急急忙忙又跑进来一个孩子，他上前拉住那位慢慢喝茶的客人喊道："爹！快回家！家里着火了！"

谁知此公又端起茶碗说："别着急，我喝了这壶茶再回去。"

那位喝急茶的男子一听便着急了，他上前抓那人的衣领，打了他一耳光，说："快回家救火！我都要急死了，你怎么还不着急呢？"

张才一见，特别高兴，上前拉住两人说："二位别走，这位先生家失火的损失我赔偿。"

慢性人和急性人一听，觉得非常奇怪。张才说："我是即将要上任的县太爷，你们二位肯不肯给我当差呢？要是给我当差，这位先生家的损失我可以全部赔偿，我估计你家的财产不会超过五两银子。"

慢性人点头说道："是的，全部家当有三两银子足够了。"

"好吧，我出五两银子，你愿意给我看孩子吗？"

慢性人非常高兴："愿意，愿意。"

张才又对急性人说："我看你是个急性子，给我当信差怎么样？"

急性人也非常高兴地同意了。

张才领着两人往县衙走，路过一个卖枣的摊档时，张才想买点枣吃。他刚停下来，却看到前面有一个人拿出一两银子要买一钱银子的枣，卖枣的人回屋里找钱时，他却趁机将衣袋装满了枣。当他带着赚了便宜的满足心理要离去的时候，张才拉住了他。张才没有惩罚这位贪便宜的人，而是雇佣他当内府管家，并兼管买东西。

新县官张才上任后，一时间县政大治，不断得到上级的表彰，张才春风得意，希望有一天能够升官发财。

这一天，慢性人带着县官的孩子在后花园里玩，小少爷趴在水井边，慢性人则观赏着花园里的满园春色。谁知小少爷贪玩时不小心一下子掉到井里了，慢性先生迈着四方步走到井边往井口下看，一直看到孩子完全沉下去了这才慢条斯理地回去告诉县官："老爷，孩子掉到井里了！"

县官张才一听急了，问他："你为什么不早来告诉我？"

慢性人慢慢地回答："老爷，我是看到孩子确实掉进去了这才来告诉你的。"

没等县官说话，急性人转向跑到花园里的水井处，"扑通"一下子就跳进去了。可是急性人不会水，结果被淹个半死。当小少爷被打捞上来时，他已经死去多时了。

张才县官和夫人悲痛不已，便打发贪便宜的管家去买棺材。

管家来到棺材铺，看到铺子里摆满了大棺材和小棺材，便问老板："大棺材多少钱一副？小棺材多少钱一副？"

老板答复："大棺材一两银子一副，小棺材五钱银子一副。"

管家掏出二十两银子，要买一副大棺材，老板进屋里去找钱时，管家把大棺材的盖子打开，将一副小棺材放到大棺材里。

棺材铺老板找完钱后，并没有发现少了一副小棺材。管家把两副棺材一起拉回了县衙。

贪便宜的管家一见到县官立即邀功："老爷，我又赚便宜了！"

"你又赚到什么便宜了？"县官问他。

"我花了一份钱买回来两副棺材。"管家向老爷摆功。

县官一听不愿意了："我家只死一个少爷，你买两副棺材干什么用？"

管家答道："老爷，小棺材现在给少爷用，大棺材将来给老爷您用！"

县官一听哭笑不得。这真是，人各有所长，也各有所短啊！

这个故事告诉人们一个道理，气质类型的好坏都是相对的，任何一种气质类型都有优点也都有缺点。

（陈维国．气质类型故事．华律网，2013－05－31）

心理测试

气质自测量表

气质并不决定和影响人的行为，因此无所谓优、劣，请你阅读下列问题，然后在与你的实际情况相符的问题后面给予相应的评分：很符合自己的记 2 分；比较符合的记 1 分；介于符合与不符合之间的记 0 分；不太符合的记 –1 分；完全不符合的记 –2 分。

1. 做事力求稳妥，不做无把握的事。 （　）
2. 遇到可气的事就怒不可遏，想把心里的话全都说出来才痛快。 （　）
3. 宁肯一个人做事，不愿很多人在一起。 （　）
4. 到一个新环境很快就能适应。 （　）
5. 厌恶那些强烈的刺激，如尖叫、噪音、危险镜头。 （　）
6. 和人争吵时，总是先发制人，喜欢挑衅。 （　）
7. 喜欢安静的环境。 （　）
8. 善于和人交往。 （　）
9. 羡慕那种善于克制自己感情的人。 （　）
10. 生活有规律，很少违反作息制度。 （　）
11. 在多数情况下情绪是乐观的。 （　）
12. 碰到陌生人觉得很拘束。 （　）
13. 遇到令人气愤的事，能很好地控制自我。 （　）
14. 做事总是有旺盛的精力。 （　）
15. 遇到问题时常举棋不定，优柔寡断。 （　）
16. 在人群中从不觉得过分拘束。 （　）
17. 情绪高昂时，觉得干什么都有趣；情绪低落时，又觉得什么都没意思。 （　）
18. 注意力集中于某一事物时，别的事很难使我分心。 （　）
19. 理解问题总比别人快。 （　）
20. 碰到危险情景时，常有一种极度恐惧感。 （　）
21. 对学习、工作、事业有很高的热情。 （　）
22. 能够长时间做枯燥、单调的工作。 （　）
23. 符合兴趣的事情，干起来劲头十足，否则就不想干。 （　）

24. 一点小事就能引起情绪波动。 （ ）

25. 讨厌做那种需要耐心、细致的工作。 （ ）

26. 与人交往不卑不亢。 （ ）

27. 喜欢参加热闹的活动。 （ ）

28. 爱看情感细腻、描写人物内心活动的文学作品。 （ ）

29. 工作、学习时间长了，常感到厌倦。 （ ）

30. 不喜欢长时间谈论一个问题，愿意实际动手干。 （ ）

31. 宁愿侃侃而谈，不愿窃窃私语。 （ ）

32. 别人说我总是闷闷不乐的。 （ ）

33. 理解得常比别人慢些。 （ ）

34. 疲倦时只要短暂休息就能精神抖擞，重新投入工作。 （ ）

35. 心里有话，宁愿自己想，不愿说出来。 （ ）

36. 认准一个目标就希望尽快实现，不达目的，誓不罢休。 （ ）

37. 同样和别人学习、工作一段时间后，常比别人更疲倦。 （ ）

38. 做事有些莽撞，常常不考虑后果。 （ ）

39. 老师或师傅讲授新知识、技术时，总希望他讲慢些，多重复几遍。 （ ）

40. 能够很快地忘记那些不愉快的事情。 （ ）

41. 做作业或完成一件工作总比别人花的时间多。 （ ）

42. 喜欢运动量大的剧烈体育活动或参加各种文艺活动。 （ ）

43. 不能很好地把注意力从一件事转移到另一件事上去。 （ ）

44. 接受一个任务后，就希望把它迅速解决。 （ ）

45. 认为墨守成规比冒风险强些。 （ ）

46. 能够同时注意几件事物。 （ ）

47. 当我烦闷的时候，别人很难使我高兴起来。 （ ）

48. 爱看情节起伏跌宕、激动人心的小说。 （ ）

49. 对工作抱着认真严谨、始终一贯的态度。 （ ）

50. 和周围的人总是相处不好。 （ ）

51. 喜欢复习学过的知识，重复做已经掌握的工作。 （ ）

52. 希望做变化大、花样多的工作。 （ ）

53. 小时候会背的诗歌，我似乎比别人记得清楚。 （ ）

54. 别人说我"出语伤人"，可我并不觉得这样。 （ ）

55. 在体育活动中，常因反应慢而落后。 （ ）

56. 反应敏捷，头脑机智。 （ ）

57. 喜欢有条理而不太麻烦的工作。 （　　）

58. 兴奋的事常常使我失眠。 （　　）

59. 老师讲新概念，常常听不懂，但是懂了以后就很难忘记。 （　　）

60. 假如工作枯燥，马上就会情绪低落。 （　　）

评分与解释

1. 先将每题的得分填入下面相应的"得分"处。

胆汁质　题号 2　6　9　14　17　21　27　31　36　38　42　48　50　54　58
　　　　　得分

多血质　题号 4　8　11　16　19　23　25　29　34　40　44　46　52　56　60
　　　　　得分

黏液质　题号 1　7　10　13　18　22　26　30　33　39　43　45　49　55　57
　　　　　得分

抑郁质　题号 3　5　12　15　20　24　28　32　35　37　41　47　51　53　59
　　　　　得分

2. 计算每种气质类型的总分。

3. 气质类型的确定。

（1）如果某类气质得分明显高出其他三种，且高出 4 分以上，则可定为该类气质。此外，如果该类气质得分超过 20 分，则为典型；如果该类气质得分在 10～20 分，则为一般型。

（2）两种气质类型得分接近，其差异低于 3 分，但又明显高于其他两种，且高出 4 分以上，则可定为这两种气质的混合型。

（3）三种气质得分均高于第四种，而且接近，则为三种气质的混合型，如多血—胆汁—黏液质混合型或黏液—多血—抑郁质混合型。

（阎观潮，张玉波. 职场起步. 北京：机械工业出版社，2005）

心灵鸡汤

气质类型解析：看看生活中的你是《西游记》中的谁

在《西游记》中，每一个人物在作者的笔下皆刻画得形象生动，性格鲜明。孙悟空：艺高胆大；猪八戒：淳朴天真；沙悟净：忠厚老实；唐三藏：

慈悲为怀。那回到我们生活中来，你想要了解自己的气质类型是哪种吗？你的气质类型又对应《西游记》中的哪个人物呢？今天我们就结合《西游记》中的师徒四人，运用心理学的四种气质类型来分析自己。

四大气质类型分别是：胆汁质、多血质、黏液质、抑郁质。孙悟空就是胆汁质的典型代表、猪八戒是多血质的代表、沙悟净是黏液质的代表、唐三藏是抑郁质的代表。将经典原中的人物角色赋予四大气质类型，我们就很容易找到自己的坐标。

孙悟空式的胆汁质

表现在：神经活动过程强但不平衡。其感受性低、耐受性高，能忍受强的刺激。长时间的工作而不感到疲劳、精力旺盛、行为外向、直爽热情，情绪的兴奋性高，但心境变化剧烈，脾气暴躁，难以自我克制。

回想《西游记》中孙悟空的种种，他在和人交往中没有那么敏感，不太容易观察到其他人的情绪变化。而面对师父的紧箍咒，他能在自己的忍受极限到来之前依然坚持自己的态度和想法。漫长的取经路上，他好像从来不知疲倦，即使在师傅师弟停下来休息时，他也是时刻观察四周有没有妖怪，用高强度的紧张为师傅保驾护航。但他暴躁的脾气也是世人皆知，大闹天宫之后成为无人不知的齐天大圣，和师傅、师弟的数次争吵后离去，使得师傅几次落入妖怪之手。胆汁质的典型特征在孙悟空身上体现得淋漓尽致。

猪八戒式的多血质

表现在：神经活动过程强、平衡且灵活。感受性低、耐受性高，活泼好动，言语、行动敏捷，反应速度、注意转移速度都比较快，行为外向，容易适应外界环境的变化，善交际，不怯生，容易接受新事物，注意力容易分散，兴趣多变，情绪不稳定。

猪八戒可能是四人里面比较不讨喜的角色，好吃懒做，却让人讨厌不起来。他就像师徒四人中的一个气氛调节剂，活泼好动的他不会让师徒团队感到尴尬。在妖怪面前，他作战勇猛，但遇到困难易于动摇，动不动就吵着分行李、散伙、要回高老庄做女婿。对于美女更是见一个爱一个，毫不内敛地去和她们嬉戏打闹。

沙悟净式的黏液质

表现在：神经活动过程强、平衡但不灵活。感受性低、耐受性高，反应速度慢，情绪的兴奋性低但很平稳；举止平和，行为内向；头脑清醒，做事有条不紊、踏踏实实，但容易循规蹈矩；注意力容易集中，稳定性强；不善言谈，交际适度。

沙僧个性憨厚，忠心耿耿。他不像孙悟空那么叛逆，也不像猪八戒那样好吃懒惰、贪恋女色，自他放弃妖怪身份起，他就一心跟着唐僧，正直无私，任劳任怨，谨守佛门戒律，踏踏实实，谨守本分，最终功德圆满。

唐三藏式的抑郁质

表现在：神经活动过程弱，兴奋过程更弱。感受性高、耐受性低；多疑多虑，内心体验极为深刻，行为极端内向；敏感、机智，别人没有注意到的事情，他能注意到；胆小、孤僻，难以为什么事动情，被什么事打动，寡欢、爱独处，不爱交往，做事认真、仔细，动作迟缓，防御反应明显。

唐三藏在《西游记》中是一个胆小怕事、懦弱无能的角色。他虽然为人善良仁慈，却不能够明辨是非，反而屡屡听信猪八戒的挑拨，误会能识破妖魔诡计的孙悟空，并且总是在落入陷阱之后，才大喊："悟空，救我！"虽然他有种种缺点，但是他有着坚定的取经信念，甘冒万死，决不退却，富贵荣华和美色诱惑对他都没有作用，甚至当悟空离开了他，妖怪又在阻挠的情况下，仍然毫不动摇，在取经集体中发挥了中坚作用。

气质类型和性格一样，也不是单一的，也会有人属于两种气质的中间地带。如果同时兼容两种气质的优点，就更容易形成良好的个性。因此，每种气质类型都有利弊，明确了属于自己气质类型中的局限，就更容易发现自身的问题，获得提升空间，从而引导我们去互补自己的性格，拥有健全完善的人格。不同的气质、不同的性格、不同的你我，才能造就世界的不同色彩。希望我们可以发现真实的自己，发现美，发现生命的精彩。

（秦艳鸿．济南清源心理咨询，https：//www.xinli001.com/info/100464018，2020－09－01）

心灵感悟

第七章　青春期心理

第一节　异性交往

个案分析

　　孙静是一名刚入学的中职生，她性格开朗，跟周围的同学关系处理得十分好，是班里的文体委员。尤其与副班长张明关系不错，两人经常一起学习、工作，打打闹闹是常有的事。这天是张明的生日，张明邀请孙静和几个要好的朋友去他家庆祝生日。孙静感到有点为难，不知道是去还是不去。

孙静去还是不去？为什么？_____

如果你是心理老师，你的建议是_____

心理游戏

我喜欢的男孩（女孩）

　　1. 具有以下哪些特点的男孩，你愿意交往？

　　A. 英俊　B. 潇洒　C. 高大　D. 有学识　E. 开朗　F. 活泼　G. 矫健

H. 深沉　I. 处事稳重　J. 头脑灵活　K. 健谈　L. 独立性强　M. 勇敢　N. 幽默

O. 玩世不恭　P. 正直　Q. 果断　R. 精干　S. 大度　T. 宽容　U. 有主见

请你按自己的喜欢程度把上述特点按顺序排列（若上面没有提到，可自己补充）：

_____

_____

2. 具有以下哪些特点的女孩，你愿意交往？

A. 漂亮　B. 温柔　C. 活泼　D. 开朗　E. 敏感　F. 待人真诚　G. 乐于助人　H. 正直　I. 直率　J. 头脑灵活　K. 坚强　L. 勇敢　M. 工作能力强　N. 爱笑　O. 善于表达　P. 稳重　Q. 内向　R. 有主见　S. 做事效率高

请你按自己的喜欢程度把上述特点按顺序排列（若上面没有提到，可自己补充）：

_____

_____

（沃建中. 中学生心理导向：第四册. 北京：科学出版社，1999）

受欢迎品质拍卖会

请一位同学当"拍卖师"，假设每个同学有 10 000 元（道具钱），你们可以随意买下列东西。每样东西都有底价，每次出价以 500 元为单位，价高者得到该东西，有出价 10 000 元的，立即成交。

1. 温柔	1 000 元	6. 自信	1 000 元	11. 宽容	1 000 元
2. 坦率	1 000 元	7. 乐观	1 000 元	12. 诚信	1 000 元
3. 热情	1 000 元	8. 坚强	1 000 元	13. 勇于承担责任	1 000 元
4. 开朗	1 000 元	9. 真诚	1 000 元	14. 冷静沉稳	1 000 元
5. 正直	1 000 元	10. 幽默	1 000 元	15. 善解人意	1 000 元

心理故事

在中国，有一个流传很久的民间故事。说的是有一个老和尚，抱养了一个小男孩，往后的十几年里，他们生活在深山古寺中，从未出过山门。男孩长大了，也当了和尚，此时老和尚才带着他来到山外，想让他看看外面的精彩世界。这一看却出了问题。

由于是第一次下山，小和尚对周围的一切都充满了好奇，看到什么都要问个究竟。他看到穿着漂亮衣服的女子时，就问："师父，这些东西是什么？"老和尚一听，很不高兴，遂吓唬小和尚说："这些是老虎，要吃人的！"小和尚当时没再说别的，可回到寺里，一连好几天闷闷不乐。老和尚问他怎么回事，他说："师父，能不能给我捉只老虎来？"

启 示

一个从来没接触过女子的和尚，竟然也对被称为"老虎"的女子思念牵挂，可见作为青春期的少男少女，对异性产生好感是非常正常、自然的事，这是由青春期性心理发展特点决定的。

心理测试

与异性交往的态度测验

1. 每当和异性交往时便脸红心跳不知所措，不像真实的自己。

是（　）否（　）

2. 觉得男女之间并没什么差异，与异性交往时不太在乎自己的体态和语言，表现很随便。　　　　　　　　　　　　　　是（　）否（　）

3.（女孩做）认为现在男女平等，所以凡事争先，甚至在小事上也当仁不让。　　　　　　　　　　　　　　　　　　是（　）否（　）

（男孩做）认为现在男女平等，所以无须为女孩承担一些诸如扫地、抬东西的事情。　　　　　　　　　　　　　　是（　）否（　）

4. 总觉得自己是异性高不可攀的，不屑于和他（她）们打交道。

是（　）否（　）

5. （女孩做）认为女性的魅力体现于化妆和衣着，所以对此很感兴趣。

是（　）否（　）

（男孩做）认为男性的魅力体现于粗犷豪放，所以说粗话、抽烟、喝酒都是魅力的体现。　　　　　　　　　　　　　　　是（　）否（　）

6. 认为现在年龄足够大，可以拥有自己的男朋友（女朋友）。

是（　）否（　）

7. 将长相作为是否与异性交往的重要因素。　　是（　）否（　）

8. 觉得自己相貌平平，所以异性不会喜欢和自己交往。

是（　）否（　）

9. 认为男女生之间不存在纯粹友情的交往。　　是（　）否（　）

解释

第1题，答"是"的可能是一些对异性交往存在恐惧或害羞的同学。有一本书介绍了克服这种情形的很好的方法：一是"自我激励法"，相信自己完全有能力和异性坦然交往，并且可以进行一些自我暗示；二是"声东击西法"，当你有一些自认为难以克服的缺点时，你可以将自己比较自信的方面展现出来；三是"情感接近法"，能够理解异性的处境，不要总拿自己和别人做比较；四是"难堪训练法"，可以尝试和平时比较惧怕或感到难堪的异性建立一种轻松自然的交往。

第2题，异性之间存在差异是毫无疑问的，因此交往时应该注意自己的体态等。不要过分随便，也无须太过拘谨。如果你的答案是"是"，那么希望你可以尝试一种有风度的言行举止，你会发现自己有了新的面孔，更加成熟。

第3题，这是看你对自己性别角色的认同。无论男性还是女性，如果答案是"是"，那么希望你重新审视一下自己的性别角色。竞争是存在的，但是没必要过分强调性别平等，因为男女生的差异是客观存在的事实。

第4题，如果你的答案是"是"，那么你可能会丧失很多结交朋友的机会。因为人人都渴望得到尊重，异性也同样。所以如果自视太高，可能会影响和异性同学的正常交往。

第5题，这是看你对魅力的理解。无论男性还是女性，魅力的表现都不是表面的。我们并非因为"美丽而可爱"，而是因为"可爱而美丽"。真正的魅力体现在善良、节制、有礼、热情、坚强上，这些魅力的获得并不是多穿几件名牌衣服或是表现得更阳刚一点就能做到的，它们需要我们平时的积累和学习。

第6题，爱是奉献，爱是受益，爱是自制。事实上，我们没有把握确保自己能够生存的时候，也是我们无法确保可以给我们喜欢的人以幸福的时候，那么生存是个危机。况且，我们是否具备走进婚姻的成熟呢？这个问题恐怕还有待商榷。

第7题和第8题都是有关相貌的。如果你的答案是"是"的话，那么请参考第5题的解释。既然长相是天生的，就无须为它多虑，而要从那些更容易改变或培养的方面入手，做一个内秀的人。

第9题，答"是"或答"否"都有一定的道理。如果和异性属于泛泛之交，即使有好感，也是在友情范围内的交往。但是如果交往过近的话，异性之间就很难保持一种纯粹友情的交往。

（崔丽娟. 高中生心理健康教育读本：学生用书. 合肥：安徽科学技术出版社，2004）

心理视窗

青春期的心理特点

了解一个人心理发展的不同阶段以及不同阶段的特点，特别是了解青春期的心理特点能使青少年的心理发育少走弯路，并"不失时机"地发展和成熟起来。

心理发展的阶段通常分为婴儿期、儿童期、青年期、成年期和老年期。不少学者对儿童的心理发展阶段进一步划分为：乳儿期（0~1岁）、婴儿期（1~3岁）、学龄前期（3~7岁）、学龄初期（7~12岁）、少年期（12~15岁）、青年初期（15~18岁）。对应上述心理发展阶段，青春期大约在少年期及青年初期。青春期心理发展有以下主要特点：

第一，少男少女们的智力飞速发展，抽象、逻辑思维逐渐发育成熟，已初步具备了成年人的思维能力，并极具想象力。

第二，少男少女们的自我意识进一步发展并成熟，人格亦相应形成并固定下来，他们有了自己的人生观、价值观，并能独立评价自己和周围的事物，要求自立，要求尊重，精力旺盛，兴趣广泛，积极进取，希望能获得成功。

第三，性意识萌发、觉醒并发展成熟，他们不仅进一步明确自己的性别身份，接受性器官的变化，且逐渐由两性间的回避发展为好感、倾慕，以至于接近和积极交往，当然也可能会产生性幻想、性冲动等。

第四，少男少女的情绪极不稳定，时时表现出心理活动的不成熟和波动性，他们既缺乏经验又过于自信，因此在遇到各种问题和矛盾时又极易产生困惑和烦恼，产生各种各样的心理卫生问题，比如对性生理及性心理的困惑、学习的压力、理想和现实的冲撞、人际关系的矛盾、择业的苦恼、对社会难以适应等。

心灵鸡汤

如何把握与异性交往的度

一、不必过分拘谨

在与异性的交往中，要注意消除异性间交往的不自然感。应该从心理上像对待同性那样去对待与异性的交往，该说的说，该做的做，需要握手就握手，需要并肩就并肩。须知，友谊本来就是感情的自然发展，不应有任何矫揉造作和忸怩作态，因为那样反而会贻笑大方，使人生厌。异性间自然交往的步履常能描绘出纯洁友谊的轨迹，这已为无数的生活实践所证实。

二、不应过分随便

男女间交往过分拘谨固然令人生厌，但也不可过分随便，诸如嬉笑打闹、你推我搡之类的举止应力求避免。须知毕竟男女有别，有些话题只能在同性之间交谈，有些玩笑不宜在异性面前乱说，这些都是需要注意的。

三、不宜过分冷淡

男女交往时，理智从事、善于把握自己的情感固然是必要的，但不应过分冷淡，虚与委蛇。因为这样会伤害对方的自尊心，也会使人觉得你高傲无礼、孤芳自赏、不可接近。

四、不该过分亲昵

男女交往时要注意自尊自爱，言谈举止要做到文雅庄重，切不可勾肩搭背、接吻拥抱，也不可搔首弄姿、卖弄风情。须知诸如此类的过分亲昵，不仅会使你显得轻佻，引起对方反感，而且会造成不必要的误会。

五、不可过分卖弄

在与异性的交往中，如果想卖弄自己见多识广而讲个不停，丝毫不给别人以置喙之机；或者在争辩中有理不让人，无理也要辩三分，都会使人反感。当然，也不要总是缄口不语，或只是"嗯""啊"。如果这样，尽管你面带笑容，也会使人觉得你城府太深，使人扫兴。

六、不应过分严肃

太严肃会使人对你望而生畏，敬而远之，但也不可太轻薄。还要注意的是，幽默感固然是讨异性喜欢的，但倘若为幽默而幽默，就可能会导致"画虎不成反类犬"的结果。

七、不能违反习俗

男女交往的方式也要适合当前的社会心理。比如，当前绝大多数人认为，男女间经常单独幽会是友谊的例外形式。尽管我们并不赞同异性交往都必须集体进行，但过多的单独幽会容易诱发性爱心理，这也是事实。所以，男女间进行交往时，也要注意"入乡随俗"。

心理咨询

初恋发生之后

一个初三男孩来到心理咨询室，话没出口脸先红，他终于鼓足勇气开口："老师，让您见笑了，我喜欢上了一个女孩。"

"老师怎么会笑你呢？这是很正常的哟！进入青春期的男女相互吸引和爱慕是很正常的。有人叫它'早恋'，我就不同意。这是少男少女的初恋，初恋不是罪过。"我赶紧表明态度。男孩脸上露出会意的笑："老师真理解我们。可是，这对我的学习有了不好的影响。"他又面露愁容。

"是啊，初三正是人生的一个重要关口，机不可失啊！甜蜜而又痛苦的'单相思'是很令人煎熬的，是不是？初恋就是这么一段感情经历，它并不一定指向婚姻。许多少男少女都曾经历这样一段初恋，只是你的初恋来得太不合时宜。现在你正处在中考前的冲刺阶段，一旦任情感自然发展直至结束，说不定中考就泡了汤。因此，眼下最好的对策是把这段美丽的情感埋入心底，等以后有机会再让它发芽、开花。"我试着做这样的引导。

"我正是这样想的。可我怎样才能做到不想这件事呢？有时候，越是命令自己不想却越想。请您帮帮我。"男孩恳求说。

多好的男孩，我感到很欣慰。他不想因初恋而耽误学业，初涉爱河之后知道还是应先登陆上岸，他十分希望有人拉他一把。而我们不少为人师长、为人父母者，往往低估了我们的孩子，总担心他们会故意跳进爱河，又恣意地任爱河把自己淹溺。事实往往并不是那么可怕。孩子们往往比我们预期的"水平"更高一些，他们只是时常需要大人的帮助，而我们给他们的则往往是训斥多于帮助。这真得说我们有点对不住孩子了——思绪一闪有点跑题了，马上收回思绪，继续我和男孩的谈话。

"有些事就是这样，你越是想忘掉它，它反倒在心里'扎根'了。感情这种东西更容易这样。这是因为你的命令起到了强化作用。怎么办呢？先来淡化'想忘掉'的意念，而后尽量把每天的活动排得满满的。大脑要忙着处理这些事情，也就无暇再去想那件事了。这样做比命令大脑不想的效果好。心理学研究证实，人对外界事物的反应具有选择性，就是说人在一定时间内只能选择一定的人、事、物作为反应对象。与某一反应对象相对应，在大脑皮层上会形成一个优势兴奋中心。按照神经过程的相互诱导的规律，大脑这一部位的优势兴奋中心，会使大脑其他部位产生抑制。当你排满了一天的活动时，大脑中优势兴奋中心一个接一个持续着，这些优势兴奋中心也就抑制了你对女孩这件事的思索。这就是我们平时说的'一心不可二用'。怎么样，先试试这个办法？"男孩很有信心地道了一声"再见"。

过些天，男孩又来找我："老师，您的办法真管用。就要中考了，该忙的事那么多，一忙起来，什么都不想了。可是，我的座位正好在那女生的后边，有时无意间见到她，脑子就又不听话了。您说，我要不要换座位？"

"好哇！反正你与那女孩的感情谁也不知道，找个别的借口，跟班主任商量换换座位，是个不错的办法。因为我们总是较容易选择那些近在眼前的事物来反应，客观上回避了某些刺激，人在心理上也就不再有新反应。平时避开发怒的对象或伤心的环境，人的心情也就随之转变了，就是这个道理。上次的那个办法可以叫作'主观回避法'，这个办法可以叫作'客观回避法'，两种办法结合，效果会更好。就这么办。"我表示支持。

时隔不久，那男孩给我送来佳音："老师，事情全过去了，我现在感到很轻松。中考信心十足，谢谢您。"

他走过初恋，真为他高兴。我想他以后会有更成熟的爱。

[马志国. 初恋发生之后. 心理世界，1997（5）：18－19]

心灵感悟

第二节　爱的真谛

个案分析

在学校的最后一年，我暗恋上一位可爱的女孩。没有常常见面，甚至没有好好说过一次话，完全像做梦一样，初恋的悸动让我夜不能寐。当时，我还试着写出两首短诗，整个身心浸透着一股愉悦感，几乎忘掉恋爱的烦恼。不久，她去学声乐，我很想听听她的歌声。过了几个月，在聚会上，我怀着异常紧张的心情等待着我心目中的完美女神为我而歌。前奏之后，她放开歌喉。唉！她的歌声实在难听，难听得使我不得不为她感到悲哀。我曾有过的烦恼和困惑变为了同情，然后是沉默。此后，我对她的爱恋便荡然无存，心情也归于平静和舒坦。

（赫尔曼·黑塞. 悉达多. 杨玉功，译. 上海：上海人民出版社，2009）

1. 看起来如此美好的感觉后来怎么会因为听到那难以入耳的歌声就荡然无存了呢？

_____

_____

2. 青春期恋爱的特点是什么？

_____

_____

心理游戏

让爱等候

"爱情"是个令人向往的词，年轻的心为爱悸动，为爱欢笑，为爱流泪。爱情究竟是什么？

爱，是个厚重而圣洁的话题。而在这个年龄的男生、女生之间发生的故事，像颗又酸又甜又青涩的果子，它能够被称为"爱"吗？该如何对待发生在你和他（她）之间的这种"爱"？

我的爱情观

1. _____
2. _____
3. _____
4. _____
5. _____

你为爱情做了哪些准备？你愿意为他（她）的一生负责吗？你有这个能力吗？

（边玉芳．心理健康．上海：华东师范大学出版社，2005）

爱的拼图

以小组为单位，将道具"爱的拼图"在2分钟内竞争完成，比较完整程度。然后思考一份完整的爱应包括什么，填在"爱情三元素"合适的位置上。

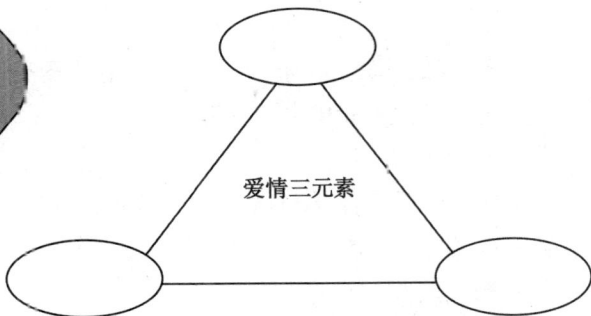

爱的拼图

爱情三元素

心理视窗

爱对你意味着什么

人们常说，爱情好似一株幼苗，需要施肥浇水，补充营养。所以相爱的双方应当经常交流彼此的思想和感受，分享快乐，分担忧愁，以促进理智上和感情上的亲近。双方要注意表达关爱对方的感情，才能发展一种相互援助的关系；双方要同甘共苦，才能获得共同的生活基础和生活体验；双方要同舟共济，才能在共同克服困难中相互信赖。为了做到这一切，就得学习沟通技巧和培养宽容的态度，以使相爱的双方得到终身美满的爱。然而，这需要时间、需要知识、需要智慧、需要等待，绝不是脱口而出的"我爱你"三个字所能涵盖的内容。

爱情需要有一个发展过程。在这期间，要学习正确判断的能力和善于把握的能力。大千世界，性情、特性、特质各异的异性生活在你周围，你对他们了解吗？你知道什么样的人最适合你吗？爱情的结果是为自己寻找一个可以终身相伴的人。有的人却常常被对方迷人的外貌或甜言蜜语打动，以为那就是一生等待的爱情。有时，这份"打动"会让你忽略最应该了解的真实。所以，不要轻易地把自己交给一个你还不能把握的人。

爱情是需要准备的。

准备 1：

相对稳定的人格。真正的爱包括正视两个人不同的性格，彼此不同的需求、价值观、生活方式和利益。为了能够在两个成熟的人之间建立幸福，双方需要具有相对的般配性。

准备 2：

心理上的独立性。健康的爱情关系中，不是一方在心理上依赖另一方，而是双方都有能力去栽培自己和对方。

准备 3：

体察他人的感受。具有对他人的敏感性，知晓别人的需求、利益、观点和风格，从而尊重他人，做到体谅他人和谦让。

准备 4：

关怀、尊重和宽容他人的能力。爱不仅意味着获得安慰和满足自己的需求，而且还应具备关怀、照顾和尊重对方的能力。其实许多时候，当最初的浪漫过后，你会看到很多出乎想象的事情发生，倒不一定是因为彼此故意欺骗，而是双方都太想把自己最好的一面展现给对方。但时间久了，终于还原于真实，于是你会发现许多令人失望的地方。这时候，需要足够的宽容、忍让，要懂得去理解和适应对方。

爱情是人间最美好的感情，每个人都有爱和被爱的权利。只是在你还不成熟时，爱情会因为你的盲目和鲁莽而受到伤害。爱情是一种不同于"好感"的心灵冲击，需要对自己有足够的了解、对他人能够负责、对未来有真实的承诺和可以实现的能力。所以，为了自己一生的幸福，请学会等待吧。

（陈一筠.青春期性健康教育读本：高中分册.北京：人民教育出版社，2001）

心理测试

爱情与喜欢量表

指导语

喜欢与爱你分辨得出来吗？不管你是否恋爱，试着对自己的情况或想法勾选下列符合自己目前恋爱状况或对爱情憧憬的项目。（可复选）

爱情量表

（1）他情绪低落的时候，我的重要职责就是使他（她）快乐起来。

（2）在所有的事件上我都可以信赖他（她）。

（3）我觉得要忽略他（她）的过失是一件很容易的事。

（4）我愿意为他（她）做所有的事情。

（5）对他（她）有一点占有欲。

（6）若不能跟他（她）在一起，我觉得非常不幸。

（7）我孤寂时，首先想到的就是要去找他（她）。

（8）他（她）幸福与否是我很关心的事。

（9）我愿意宽恕他（她）所做的任何事。

（10）我觉得让他（她）得到幸福是我的责任。

（11）当和他（她）在一起时，我发现我什么事都不做，只是用眼睛看着他（她）就满足了。

（12）若我也能让他（她）百分之百的信赖，我觉得十分快乐。

（13）没有他（她），我觉得难以生活下去。

喜欢量表

（14）当和他（她）在一起时，我发觉好像两人都想做相同的事情。

（15）我认为他（她）非常好。

（16）我愿意推荐他（她）去做为人所尊敬的事。

（17）在我看来，他（她）特别成熟。

（18）我对他（她）有高度的信心。

（19）我觉得什么人跟他（她）相处，大部分都会有很好的印象。

（20）我觉得他（她）跟我很相似。

（21）我愿意在班上或团体中，做什么事都投他（她）一票。

（22）我觉得他（她）是许多人中，容易让别人尊敬的一个。

（23）我认为他（她）是十二万分聪明的。

（24）我觉得他（她）在我所认识的人中，是非常讨人喜欢的。

（25）他（她）是我很想学的那种人。

（26）我觉得他（她）非常容易赢得别人的好感。

结果解释

每题得 1 分，如果你的爱情量表得分高于喜欢量表，表示你对他（她）的感情以爱情成分居多；如果你的爱情量表得分低于喜欢量表，表示你对他（她）的感情以喜欢成分居多。

拓展训练

请在下表中写下你的得分，并且写一写爱情和喜欢有什么区别。

	喜欢	爱情
得分		
区别		

心灵鸡汤

用一生说爱你

5 岁的时候，我说我爱你，你歪着脑袋，眨着水晶般的大眼睛，疑惑地问我："什么意思呀？"

15 岁的时候，我说我爱你，你的脸红得像火烧云，头深深地低着，摆弄着衣襟，你好像在笑。

20 岁的时候，我说我爱你，你把头靠在我的肩上，紧紧地挽住我的手臂，像是下一秒我就要消失一样。

25 岁的时候，我说我爱你，你把早餐放在桌上，跑过来刮了一下我的鼻子说："知道了！懒虫，该起床了！"

30 岁的时候，我说我爱你，你笑着说："你呀！要是真的爱我，就别下了班到处跑，还有，别再忘了我叫你买的菜！"

40 岁的时候，我说我爱你，你边收拾碗筷边面无表情地嘟囔着："行了，行了，快去给孩子复习功课去吧！"

50 岁的时候，我说我爱你，你打着毛线头也不抬："真的？你心里是不是巴不得我早点儿死掉？"然后就咯咯咯地笑个不停。

60 岁的时候，我说我爱你，你笑着捶了我一拳："死老头子！孙子都这么大了，还贫嘴！"

70 岁的时候，我们坐在摇椅上，戴着老花镜，欣赏着50 年前我给你的情书，我们已经布满皱纹的手又握在了一起，那时候我说我爱你，你深情地望着我，你那已经满是皱纹的脸仍是那么美丽……

炉子上的开水咕嘟咕嘟地冒着水汽，温馨的暖意充满了整个屋子……

80 岁的时候，你说你爱我。

我什么也没说，因为我流泪了，但那是我人生最最快乐的日子，因为你终于说出了那句"我——爱——你"。

心灵感悟

第三节　恋爱红绿灯

个案分析

张明和王娜在一起有半年了，张明发现王娜的兴趣和性格与自己都有很大的差异，似乎较难弥合，因此想终止这段关系。但王娜对张明有很深的感情，而且开始的时候是张明追王娜的，如果这时候提出分手，一方面张明自己心中有愧；另一方面又怕王娜伤心不肯接受。张明为此而深深苦恼。

如果你是张明，你会如何做？＿＿＿＿＿＿＿＿＿＿＿＿＿＿＿＿＿＿

＿＿＿＿＿＿＿＿＿＿＿＿＿＿＿＿＿＿＿＿＿＿＿＿＿＿＿＿＿＿＿＿

如果你是王娜，你会如何面对？＿＿＿＿＿＿＿＿＿＿＿＿＿＿＿＿＿

＿＿＿＿＿＿＿＿＿＿＿＿＿＿＿＿＿＿＿＿＿＿＿＿＿＿＿＿＿＿＿＿

心理游戏

寻找失恋的十大好处

目的：积极面对失恋，顺利渡过失恋挫折期。

1. 列举失恋后的好处，以下面的句型为模板，写成十句话。

因为我失恋了，所以我获得了＿＿＿＿＿＿＿＿＿＿＿＿＿＿＿＿。

因为我失恋了，所以我获得了＿＿＿＿＿＿＿＿＿＿＿＿＿＿＿＿。

因为我失恋了，所以我获得了＿＿＿＿＿＿＿＿＿＿＿＿＿＿＿＿＿。

因为我失恋了，所以我获得了＿＿＿＿＿＿＿＿＿＿＿＿＿＿＿＿＿。

因为我失恋了，所以我获得了＿＿＿＿＿＿＿＿＿＿＿＿＿＿＿＿＿。

因为我失恋了，所以我获得了＿＿＿＿＿＿＿＿＿＿＿＿＿＿＿＿＿。

因为我失恋了，所以我获得了＿＿＿＿＿＿＿＿＿＿＿＿＿＿＿＿＿。

因为我失恋了，所以我获得了＿＿＿＿＿＿＿＿＿＿＿＿＿＿＿＿＿。

因为我失恋了，所以我获得了＿＿＿＿＿＿＿＿＿＿＿＿＿＿＿＿＿。

因为我失恋了，所以我获得了＿＿＿＿＿＿＿＿＿＿＿＿＿＿＿＿＿。

2. 找出最合理、最可行的建议，以此作为自己的情感自卫盾牌。

心理故事

苏格拉底谈失恋

苏（苏格拉底）：孩子，为什么悲伤？

失（失恋者）：我失恋了。

苏：哦，这很正常。如果失恋了没有悲伤，恋爱大概也就没有什么味道。可是年轻人，我怎么发现你对失恋的投入甚至比对恋爱的投入还要倾心呢？

失：到手的葡萄给丢了，这份遗憾、这份失落，你非个中人，怎知其中的酸楚啊！

苏：丢了就丢了，何不继续向前走去，鲜美的葡萄还有很多。

失：我要等到海枯石烂，直到她回心转意向我走来。

苏：但这一天也许永远不会到来。

失：那我就用自杀来表示我的诚心。

苏：如果这样，你不但失去了你的恋人，同时也失去了你自己，你会蒙受双重的损失。

失：踩她一脚如何？我得不到的别人也别想得到。

苏：可这只能使你离她更远，而你未来是想与她更接近的。

失：你说我该怎么办？我可真的很爱她。

苏：真的很爱？那你当然希望你所爱的人幸福。

失：那是自然。

苏：如果她认为离开你是一种幸福呢？

失：不会的！她曾经跟我说，只有跟我在一起的时候她才感到幸福！

苏：那是曾经，是过去，可她现在并不这么认为。

失：这就是说，她一直在骗我？

苏：不，她一直对你很忠诚。当她爱你的时候，她和你在一起，现在她不爱你，她就离去了，世界上再没有比这更大的忠诚。如果她不再爱你，却还装得对你很有情谊，甚至跟你结婚、生子，那才是真正的欺骗呢。

心理视窗

如何提出分手

随着青春期心理、生理的发展，学习压力减少，作为青少年初期的职校生对异性充满好感，稍不留神就坠入了爱河。可是青春期心理发展特点决定了他们的爱情往往是由于过分迷恋对方的外表所致，来得快，去得也快。这种快餐式的爱情往往给对方留下了不可磨灭的创伤。因此，学会如何提出分手，减少彼此的心理伤害显得非常重要。

（1）要想清楚自己为什么要提出分手。不是冲动，不是头脑发热，而是经过深思熟虑、冷静思考的，这样才能让对方信服。

（2）坦率而明确地告诉对方，并让对方准确地明白你的想法。不要遮遮掩掩，找各种理由推搪，而是开诚布公，真实面对自己的感情问题，承担自己的责任。

（3）尊重对方。曾经在一起的日子毕竟还是有过快乐欢笑的，不要分手了就把对方说得一无是处，到处说对方的坏话，败坏他（她）的名声。这是对对方的不尊重，也是对自己的否定。

（4）注意提出分手的时间和地点。不要选择偏僻安静、可能发生危险的地方，例如河边；最好选择公开场合，例如餐厅，闹中有静；时间最好不要在晚上、下雨天，容易诱发人的悲伤情绪。

（5）避免做出让对方误解的举动。既然要分手了就要分得彻彻底底，不要拖泥带水。

（6）如果担心对方难以接受这个事实，可以事先约好两人都熟识的朋友，在对方需要时给予支持，以免发生意外。

心理测试

你失恋需要多长时间恢复

测试情景

你站在窗边，突然一块石头砸在窗户的玻璃上。被吓了一跳的你觉得玻璃怎样了呢？

1. 玻璃中间裂了一条线。
2. 玻璃裂成一片蜘蛛网。
3. 玻璃全碎了。
4. 玻璃完好如初。

结果解释

1. 你就像这块玻璃一样，看似坚强，但是伤痕一直在你的心里存在，久久不能消退。对于好强的你来说，怎么能够忍受呢？所以你会将伤痛化为报复，让自己活得更好、变得更漂亮，让他（她）后悔。其实你对他（她）在某些程度上的依赖感挺重的，这样的你要完全走出失恋的阴影，大概需要半年的时间哦！

2. 你失恋后，会不断地想起和他（她）的种种回忆，尤其在你感到寂寞的时候，思绪更是集中在往日的甜蜜之中，很难走出来。不过还好，因为玻璃碎裂的情况越严重，则心里的伤痕复原得越快，所以这样的现象会随着时间渐渐淡去，不会太久的。但是也得要三个月左右哦！

3. 你是一个"阿莎力"的人，来得快，去得也快。你很容易因为一点小小的事物或感觉立刻坠入情网，而当感觉不对了，必须结束恋情时，你也很能够看得开。选这个答案的你是最不令人担心会想不开的。失恋当然让你难过，但可能在大哭一场后，你就又能积极地面对生活了。你只要大约三天时间就可将伤痕平复了！

4. 其实不是玻璃没裂，而是你在心里保持它的完整，不希望它破裂。这样的你，失恋后非常不容易走出他（她）的阴影，出了门也尽可能地在路人甲、乙、丙中搜寻和他（她）相似的身影。你要完全走出失恋的伤痕需要很长的时间，至少一年，甚至更久呢！人是不能一直活在回忆当中的，奉劝你一定要拿出勇气来摆脱它，迎接新的生活，否则下一段更好的恋情是不会到来的哦！

心灵鸡汤

走出失恋阴影

作为青少年的我们由于心理不成熟，承受能力较弱，失恋后往往会感到痛心、情感压抑、情绪低落，这样必然会影响身心健康。那么，我们应如何进行失恋后的心理调适，走出失恋的阴影呢？

一、学会表达自己的感受

失恋后能够合理地表达自己的感受很重要，倾诉可以让你的压抑得到释放。而如果你是一个内向或意志坚强、不愿轻易表达自己感受的人，你需要学习释放悲痛，将它说出来或写出来，这样可以使你的痛苦在一定程度上得到宣泄，感觉舒服一些。

二、保持距离

失恋后，你们能够做朋友的概率非常小，所以离开你以前常去的地方，停止对他（她）的关心。如果你暂时还忘不掉他（她）也很正常，你需要时间，但要记住不要再与他（她）约会或打电话。尽量避免在一起，要始终相信距离和时间是可以冲淡彼此之间的感情的。

三、平衡自己的心态

失恋后要迅速调整好自己的心态。心理防御机制是当一个人在心理上受到挫折或困难时都会产生的一种正常的心理现象。许多人失恋后，不会直接采取行动处理问题，而是消极地逃避或用幼稚的方式去应对。

四、清理与他（她）相关的物品

睹物思人是许多人都会有的一种行为，一件小小的礼物也许会引发你深深的回忆，所以，失恋后你必须清理有关他（她）的所有物品。见物思情是人之常情。因此，想要把他（她）忘记最好是把与他（她）相关的一些物品丢掉或收藏起来。

五、不要为自己找借口

分手了就是分手了，这已经是一个事实，所以即便你再不舍，也不要总是借一些特别的日子，如生日、情人节等，给自己以借口，使旧情死灰复燃，从而前功尽弃。感情的复杂性就在于有时我们自己也难以把握，爱一阵恨一阵。道理、利害冲突也都明白，就是控制不住自己的感情。甚至，常常为自己的行为寻找借口，自欺欺人。

六、参加一些活动

社会活动或者是户外活动能够帮助你摆脱失恋的困境，社交活动能够让你认识更多的人，从而转移自己的注意力。而美丽的户外风光，可以使你心情舒畅，以便调节情绪。

七、通过一些方法恢复自信

失恋或许会让你感觉生活灰暗，而在这一段时间内你也会没那么重视自己的外在美。所以，失恋后不妨做一些修饰和美容或做一些你拿手的工作，这样可尽快帮助你恢复自信，找到自我的价值。

八、做一些感兴趣的事

失恋后如果能够做一些自己真正关心或者是感兴趣的事情，也能够让你转移注意力，而且还能从中收获乐趣。

心灵感悟

第四节　真爱需要等待

个案分析

　　雯雯和张峰是中等职业学校会计专业的学生，雯雯长得很漂亮，有气质，性格外向，活泼开朗，特别喜欢交朋友。由于是前后桌，雯雯和张峰经常一起学习、聊天，彼此慢慢地产生了好感。他们的交往从"公开"转入了"秘密"，关系越来越亲密，只要有时间都要在一起。直到有一天，张峰向雯雯提出了"越轨"的要求。

　　如果你是雯雯，你会接受吗？为什么？

_____

_____

_____

心理游戏

爱情水

　　请大家在老师事先准备好的各种颜色的水中，选择一种自己喜欢的颜色的水，代表我们每个人心中纯洁美好的爱情。倒上半杯，接着与同学的不同颜色的水进行多次交换，即每次倒一些给他人，也接受一些他人不同颜色的水，同时注意观察自己杯中水的变化。

　　思考：

1. 请同学们看看自己杯里的水是什么颜色？你有什么感觉？
2. 这一活动带给我们什么收获和启示？
3. 我们将怎样更好地应对生活中的性心理和行为？

　　　　　　　　（俞国良. 心理健康. 北京：高等教育出版社，2009）

性的联想

当你看到或是听到"性"这个字的时候,你会想到哪个词汇?请选择合适的词汇填在方框内。

快乐	好玩	污秽	生育	恐惧	亲密	美妙	信任
羞耻	融洽	委身	忠贞	尴尬	压力	表现	欢乐
实验	释放	和谐	舒服	沟通	无奈	厌恶	内疚
无助	享受	压抑	乏味	满足	美丽	征服	禁忌
自卑	自信	不满足	罪恶	难为情			

思考:

1. 为什么会选择这些词汇?

2. 在你挑选出的词汇中,是积极的多些,还是消极的多些?为什么?

心理故事

毛毛虫的等待

草地上有一个蛹,被一个小孩发现并带回了家。过了几天,蛹上出现了一道小裂缝,里面的蝴蝶挣扎了好长时间,身子似乎被卡住了,一直出不来。天真的小孩看到蛹中的蝴蝶痛苦挣扎的样子十分不忍。于是,他便拿起剪刀把蛹壳剪开，帮助蝴蝶脱蛹而出。然而，由于这只蝴蝶没有经过破蛹前必须经历的痛苦挣扎，以致出壳后身躯臃肿，翅膀干瘪，根本飞不起来，不久就死了。自然，这只蝴蝶的欢乐也就随着它的死亡而永远地消失了。

启示

> 毛毛虫在变成蝴蝶的时候，要经过一段漫长的等待，然后才能变成蝴蝶。如果毛毛虫过早地破茧，等待它的可能不是美丽的春天。美丽的爱情需要等待成熟的时机。

心理视窗

过早性行为的危害

随着性观念的开放，越来越多的青少年都过早地发生性行为，并且人流年龄也开始呈现低龄化趋势，但是从健康的角度来说，我们并不提倡青春期发生性行为。尤其是对于青春期少女，过早的性行为会造成心理和生理上无法弥补的伤害。

一、过早性行为造成的心理伤害

（1）心理压力：恐惧、忧虑、自卑。调查发现，有27.3%的人性交后怕怀孕，21.3%表示很懊悔，21%惧怕名誉损坏。在接受人流手术时，害怕手术痛苦者占48.4%，不敢告诉家长者占17.3%，不在乎者占13%，手术后怕产生后遗症的占62.3%，怕失恋后不易再找到对象的占20.7%，无所谓者占17%。

（2）容易造成婚后性冷淡。因不懂性知识，过早的性行为根本谈不上性和谐，极容易造成女方阴道损伤和泌尿系统感染等疾病。而第一次性行为的不和谐，往往会给以后的性生活带来障碍，引起女方对性生活的厌恶，从而造成婚后性冷淡。

（3）自杀、他杀。发生性行为后，心理会有负罪感，在精神上会承受相当大的负担，从而产生一些心理障碍，容易引发自杀和他杀事件。有报告显示，发生性行为少女的自杀和他杀率分别高出同年龄段少女的6倍和5.2倍。

二、过早性行为造成的生理伤害

（1）容易造成生殖器官损伤。青春期女孩的生殖器官尚未发育成熟，外阴及阴道均很娇嫩，阴道较短且阴道表面组织薄弱。此时如果发生性行为，可能会造成阴道裂伤，甚至大出血。

（2）容易导致不孕。过早发生性行为可致使尚未成熟的性器官发生异位等病变，影响婚后的生育。

（3）极易患上盆腔炎、附件炎等妇科炎症。少女时期的内生殖系统虽然不稳定、不成熟，但具备比较完善的自我防御抗感染能力；一旦发生性行为，本身的自然防御功能就轻易被破坏，与成年妇女相比，更容易遭受各种微生物的侵袭。

（4）容易患上宫颈癌、绒癌、卵巢癌等多种癌症。有相关资料显示，20岁以前结婚（发生性行为）的妇女，子宫颈癌的发病率为 1.58%；21 岁以后结婚（发生性行为）的妇女，子宫颈癌的发病率下降为 0.37%，两者相差近 4 倍。

（5）容易染上性病、艾滋病等传染性疾病。

心理测试

你是否拥有正确的爱情观

1. 你认为恋爱作为人生一个极其重要的环节，其最终所达到的目的应当是＿＿＿＿＿＿

A. 找到一个情投意合的爱侣。

B. 成家过日子，抚育儿女。

C. 满足性需求。

D. 只是觉得新鲜有趣，没有明确的想法。

2. （以下两小题男女单独做）

（1）你是小伙子，你对未来妻子最主要的要求是＿＿＿＿＿＿＿

A. 善于理家做活，利落能干。

B. 容貌漂亮，温柔可人。

C. 人品不错，能体贴帮助自己。

D. 只要爱，其他一切无所谓。

（2）你是个姑娘，你对未来丈夫最主要的要求是_____

A. 潇洒大方，有男子风度。

B. 有钱有势，社交能力强。

C. 为人诚实正直，有进取心，待人和蔼可亲。

D. 只要他爱我，其他都不考虑。

3. 你决定和对方建立恋爱关系时的心理依据是_____

A. 彼此各有千秋，但大体相当。

B. 我比对方优越。

C. 对方比我优越。

D. 没想过。

4. 对最佳恋爱时间的考虑是_____

A. 自己已经成熟，懂得人生的意义和爱情的内涵，并且确定了事业上的主攻方向。

B. 随着年龄的增大，自有贤妻或好丈夫光临，"月老"不会忘记每个人的。

C. 先下手为强，越早越主动。

D. 还没想过。

5. 你希望自己是怎样结识恋人的_____

A. 青梅竹马，情深意长。

B. 一见钟情，难分难舍。

C. 在工作和学习中逐渐产生感情。

D. 经熟人介绍。

6. 你认为推进爱情的良策是_____

A. 极力讨好取悦对方。

B. 尽力使自己变得更完美。

C. 百依百顺，言听计从。

D. 无计可施。

7. 你希望恋爱的时间是_____

A. 越短越好，最好是"闪电式"。

B. 时间依进展而定。

C. 时间要拖长些。

D. 自己无主张，全听对方的。

8. 谁都希望全面地了解对方，你觉得了解他（她）的最佳途径是_____

A. 精心布置特殊场面，连连对恋人进行考验。

B. 坦诚相待地交谈，细心地观察。

C. 通过朋友打听。

D. 没想过。

9. 你十分倾心的恋人，随着时间的推移，暴露出一些缺点和不足，这时候你_____

A. 采取婉转的方式告知并帮助对方改进。

B. 因出人意料而伤脑筋。

C. 嫌弃对方，犹豫动摇。

D. 不知道如何是好。

10. 当你初涉爱河之后，一位条件更好的异性对你表达爱慕，于是你_____

A. 说明实情，挚情于恋人。

B. 对其冷淡，但维持友谊。

C. 瞒着恋人与其来往。

D. 感到茫然无措。

11. 当你倾慕一异性已久并发出爱的信息时，你忽然发现他（她）另有所爱，你_____

A. 静观其变，进退自如。

B. 参与角逐，继续穷追。

C. 抽身止步，成人之美。

D. 不知道。

12. 恋爱进程很少会一帆风顺，恋爱中出现了矛盾、波折，你_____

A. 最好平顺些，既然已经出现了，也是件好事，双方正好趁此了解和考验对方。

B. 感到伤心难过，认为这是不幸。

C. 疑虑顿生，就此提出分手。

D. 没对策。

13. 由于性情不合或其他原因，你们的恋爱搁浅了，对方提出分手。这时候你_____

A. 千方百计缠住对方。

B. 到处诋毁对方名誉。

C. 说声再见，各奔前程。

D. 不知所措。

14. 你十分信赖的恋人背信弃义，喜新厌旧，甩掉你以后，你_____

A. 当自己眼瞎认错了人。

B. 你不仁，我不义。

C. 吸取教训，重新开始。

D. 痛苦得难以自拔。

15. 你爱途坎坷，多次恋爱均告失败，随着年龄增长进入"老大难"的行列，你_____

A. 一如从前，宁缺毋滥。

B. 讨厌追求，随便凑合一个。

C. 检查一下选择标准是否实际。

D. 叹息命运不佳，从此绝望。

计分方法

题1：A 3　B 2　C 1　D 1　　题2：A 2　B 1　C 3　D 1

题3：A 3　B 2　C 1　D 0　　题4：A 3　B 2　C 1　D 0

题5：A 2　B 1　C 3　D 1　　题6：A 1　B 3　C 2　D 0

题7：A 1　B 3　C 2　D 0　　题8：A 1　B 3　C 2　D 0

题9：A 3　B 2　C 1　D 0　　题10：A 3　B 2　C 1　D 0

题11：A 2　B 1　C 3　D 0　　题12：A 3　B 2　C 1　D 0

题13：A 2　B 1　C 3　D 0　　题14：A 2　B 1　C 3　D 0

题15：A 2　B 1　C 3　D 0

结果解释

35～45分：科学正确。

你是一个成熟的青少年，你懂得爱什么和为什么爱。

25～34分：尚可。

你向往真挚美好的爱情，却屡屡失败，不妨多看看成功人士，看看他们是如何追求美好的感情的。

15～24分：需要重新考虑。

你的恋爱观存在不少问题，甚至有不健康之处，如果你已贸然坠入爱河，劝你及早退出。

7个以上0分：还没形成。

爱情对于你是个迷茫的世界，你须防备圈套和袭击。建议等到稍许成熟些，再涉爱河也不迟。

通过以上的测验我们可以发现，其实我们很多时候并不真正了解爱情到底是什么。我们只知道爱情是山盟海誓、矢志不渝，却不知道爱情需要多少培养和爱护，如果不能满足它生长的需要，它就会迅速枯萎。

（夏洛尔. EQ 自测. 北京：中国城市出版社，2007）

心灵鸡汤

女孩终于要到临海的大学念书了，很是兴奋。女孩白净瘦小，像个没有长大的小姑娘。

在同屋的女孩都出双入对时，她还是独来独往。同屋的女孩们都很"同情"她，没有男朋友，意味着周末的夜晚是很孤独的，新年晚会也没有舞伴陪她跳舞。大家都闹通宵，只有女孩一个人在宿舍里正常作息。女孩一点也不着急，日子就这么过着，照样很充实：晚自习回来后独自在宿舍里看书，熄灯之后就休息，一点儿也不耽误第二天的功课。周日要么逛书市，买回自己爱看的书；要么去海边走走，闻一闻大海那带着咸味的海风，坐在海边的岩石上看书晒太阳也是一种享受。

也有男孩喜欢过女孩，但女孩告诉他，我们只能成为普通朋友。同屋的女孩不理解：其实你也可以和他成为朋友，先处处呗，省得这么寂寞呀。女孩淡淡地说，我没觉得寂寞有多么令人难以忍受。

四年大学时间就这么过去了，女孩参加了工作。两年后，好朋友聚会，大部分人已经结婚了，一小部分都有孩子了，只有她依然是孤身一人。朋友笑着劝她别太挑剔，看着差不多就行了。女孩笑着说，宁缺毋滥。不是挑剔，只是在等待而已，等待一个适合自己的人，如果没有，宁可不要。

日子就这么无声地过着。女孩工作到第六个年头时，竟然有几个好朋友都离婚了。她们告诉女孩，要是当初像你这样，也许就不会那么草率地结婚。而女孩终于要结婚了。女孩的男朋友无论是为人还是工作都很优秀，两个人举手投足之间，自有着一份默契。看着女孩一脸幸福的样子，朋友羡慕地说，你真幸福，也给我介绍介绍经验。女孩笑着说，没有什么经验，我只不过多等待了一些时间而已。

多数人都不善于等待，被眼前的利益所惑，把快要升值的"股票"急不可耐地抛出去，谁知道以后会怎样呢？于是草草收场。真爱必须等待，幸福必须等待，而等待的背后是执着。

心灵感悟

第八章　生命教育

第一节　生命中的鹅卵石

我今年 17 岁，是中等职业学校计算机专业二年级的学生。由于学习成绩差，考不上普通中学，进了职校。在职校也是得过且过，对学习的兴趣始终不大，整天只顾着玩手机和打游戏。最近却发现平时不太爱读书的"死党"有的在为"自主升大"做准备，有的在加强技能训练准备就业，而我还在浑浑噩噩中度过。长这么大，我还不知道我的人生目标是什么，也不知道我到底会什么，我很迷惘，我该怎么办？

你觉得"我"的根本问题是_____
如果"我"向你求助，你的建议是_____

♥ 心理游戏

为了让同学们能够沿着自己生命的轨迹更清晰地去追寻自己的人生目标，找到生命中的鹅卵石，老师设置了一个游戏——生命线。请同学们拿出一张白纸，画下你的生命线，在你的生命线的旁边分别写下你的出生时间、今天的时间和你希望活到多少岁的生命终止的时间。然后站在今天这一点上，回顾过去，写下你已经装进杯子里的那些鹅卵石；展望未来，写下你新的人生目标。

年　月　日	我的出生
年　月　日	今天
年　月　日	我的生命终止

（周隽．心理游戏．广州：广东教育出版社，2002）

心理故事

在一次关于人生目标的讲座上，一位教授以他独特的方式巧妙而通俗地教会了我们如何面对人生的目标。

起初，他在大屏幕上给大家展示了 100 幅呈方阵型的小图片（有重复的），上面是一些我们常见的水果，如苹果、香蕉、梨。在展示图片的同时，教授始终默默地看着屏幕，没有说一句话。2 分钟之后，他关闭了图片展示，突然问道："谁能告诉我有多少幅香蕉图片？"这句话落下的同时，我们议论纷纷，抱怨问题来得猝不及防，没有人能够站起来回答这个问题。

这时，教授说话了："同学们，是不是觉得问题很突然？这是因为你们心中没有一个明确的寻找答案的目标。看来，没有目标不行吧？下面，再给大家 2 分钟时间，之后告诉我上面有多少种水果，每种水果有多少幅图片，每幅图片上有多少种颜色。"

2 分钟过去了，教授关闭了图片展示，静静地等待着台下学生的回答，可依旧没有一个人能够回答上来。

教授说道："同学们，目标太多了不行吧？再给大家 10 秒钟时间，告诉我上面有多少种水果。"10 秒很快过去了，台下依然保持着沉寂。

教授道："同学们，实现目标没有时间不行吧？我将时间延长为 2 分钟，你们再来回答我刚才提出的那个问题。"

2 分钟过去了，局面出现了颠覆性的转变，许多同学举起了手，跃跃欲试。可教授并没有为台下学生的表现而感到些许欣慰，反而一本正经地说："在同等条件下，为什么有的同学能够回答出问题，而有的同学却不能？以此来看，不通过自己的努力，也不能实现目标吧！"

没有目标不行，目标太多了不行，实现目标没有时间也不行，有了目标不努力也不行。

心理调查

英国某大学一项调查显示，10% 的大学生有人生目标，其中 4% 的同学把人生目标写在纸上。10 年后追踪调查，发现把人生目标写在纸上的 4% 的人的生活水平和取得的成就远远超过没有把人生目标写在纸上的人。

把目标写在纸上能够自觉地引导自己的行为，更好地帮助自己实现目标。那么，你们想成为那 4% 的人吗？如果想的话，那请把你们自己的人生目标写在纸上吧！

心理视窗

九步设定你的人生目标

很多人认为设定人生目标就是找一些遥遥无期的梦想，但永远不会实现。这是因为，第一，这些目标没有足够详细的定义；第二，它始终只是一个目标，而没有相应的行动。定义你的目标是一件需要花费很多时间仔细考虑的事情。下面的步骤可以让你开始这样的旅程：

（1）写出一个你的人生目标的清单。你这一生真正想要的是什么？什么是你真正想去完成的事情？有什么事情如果你突然发现你不再有足够的时间去完成的时候，会后悔不已？这些都是你的目标，把每个这样的目标用一句话写下来。如果其中任何目标只是达到另外一个目标的关键步骤，就把它从清单中去掉，因为它不是你的人生目标。

（2）对于每一个目标，你需要设定一个你认为合适的时间框架。这就是你的十年计划、五年计划，还有一年计划。

（3）把每个人生目标单独写在一张白纸的顶端。

（4）在每个目标下面写上你完成这个目标所需要的但是目前你又没有的资源。这些东西可能是某种教育、职业生涯的改变、财务、新的技能等。

（5）在第（2）步所列出的每项中，写下你要完成每一步所需要的行动。这可能是一个检查清单，是你可以完成你的目标的所有确切的步骤。

（6）检查你在第（2）步里面所写的时间框架，在每一张目标表上写下你所要完成目标的年份。对于那些没有确定年限的目标，考虑一下你想要在哪一年完成它并以此作为年限。

（7）检查整个时间框架，为你所需要完成的每一小步写下你所需要完成的现实时间。

（8）现在检查你的整个人生目标，然后定一个你这周、这个月和今年的时间进度表——以便按照预定的路程去完成你的目标。

（9）把所有的目标完成时间点写在你的进度表上，这样你对要完成的事情就有了确定的时限了。在一年的结尾，回顾你在这一年里面所做的，划掉你在这一年里面已经完成的，写下你在下一年里面所要完成的。

我们之所以会经常迷失方向，并不是说我们没有目标，而是没有一个实现目标的详细计划和安排，所以我们不妨试着去做，哪怕遇到艰难险阻都不要放弃，只要你相信自己，坚持下去就一定能够实现它。

心灵鸡汤

你不知道，上帝更不会知道

19岁那年，我在休斯敦太空总署的太空梭实验室工作，同时也在总署旁边的休斯敦大学主修计算机专业。我整天处在学习、睡眠和工作之中，这些几乎占据了我每天的全部时间，但是，只要有一分钟的闲暇时间，我都会把精力放在自己的音乐创作上。

我知道，写歌词不是我的专长，所以在最近的一段日子里，我时时刻刻都在寻找一位擅长写歌词的搭档与我一起创作。我认识了一位朋友，她叫凡内芮。自从我20多年前离开得克萨斯州后，就再也没听到过她的消息，但是她在我事业刚刚起步时，给了我极大的鼓励。

年仅 19 岁的凡内芮在得克萨斯州的诗歌比赛中不知获得过多少奖牌。她的作品总是让我爱不释手，当时，我们的确合写了许多不错的作品，直到今天，我仍然认为那些作品充满了特色和创意。

一个周末，凡内芮热情地邀请我到她家的牧场吃烤肉。她的祖辈是得克萨斯州有名的石油大亨，拥有规模庞大的牧场。虽然她的家庭极为富有，但她的穿着、她的举止和谦卑诚恳的待人态度，更让我从心底佩服。凡内芮深知我对音乐的执着，然而，面对那遥不可及的音乐圈子及陌生的美国唱片市场，我们一点儿渠道都没有。当时，我们两个人安静地待在得克萨斯州的牧场里，根本不知道下一步该如何走。

突然，她冒出了一句话：想象一下，你 5 年后在做什么？我愣了一下。她转过身来，指着我问道："嘿！告诉我，在你心目中，'最希望'5 年以后做什么，那时候，你的生活会是什么样子？"我还来不及回答，她又抢着说："别急，你先仔细想想，完全想清楚，确定后再说出来。"我沉思了几分钟，开始告诉她："第一，5 年后，我希望能有一张自己的唱片在市场上，而这张唱片很受欢迎，可以得到许多人的肯定。第二，我住在一个音乐氛围浓厚的地方，每天都能够与世界上一流的乐师一起工作。"

凡内芮说："你确定了吗？"

我从容地回答，而且拉了一个很长的"Yes"！

凡内芮接着说："好，既然你确定了，我们就把这个目标倒算回来。如果第五年你有一张唱片在市场上，那么你在第四年一定要跟一家唱片公司签约。

"你在第三年一定要有一部完整的作品，可以拿给许多唱片公司听，对不对？

"你在第二年一定要有很棒的作品开始录音了。

"你在第一年一定要把准备录音的所有作品全部编曲，把排练准备好。

"你在第六个月一定要把那些没有完成的作品修饰好，然后自己可以逐一筛选。

"你在第一个月就要把目前这几首曲子完成。

"你在第一个星期就要先列出一个完整的清单，排出哪些曲子需要修改，哪些需要完成。

"好了，我们现在不就已经知道你下个星期一要做什么了吗？"凡内芮笑着说。

"喔！对了。你还说 5 年后要生活在一个音乐氛围浓厚的地方，然后与许多一流乐师一起工作，对吗？"她急忙补充说，"如果你在第五年已经与这些人一起工作了，那么你在第四年就应该有一个自己的工作室或录音室。在第三年，你可能会先跟这个圈子里的人一起工作。在第二年，你不应该住在得克萨斯州，而应该搬到纽约或洛杉矶了。"

第二年，我辞掉了令许多人羡慕不已的太空总署的工作，离开了休斯敦，搬到了洛杉矶。说来也奇怪，不敢说是恰好在第五年，但大约是第六年，我的唱片开始在亚洲畅销了，我几乎每天都忙着与一些顶尖的音乐大师一起工作。

别忘了，在生命中，上帝已经把所有"选择"的权利交到我们手上了。如果你经常询问自己："为什么会这样？""为什么会那样？"则不妨试着问自己："我是否曾经很'清楚'地知道自己要做的是什么？"

如果连自己要做的是什么都不知道，那么爱你的主又如何帮你安排呢？不是吗？你旁边的人，再怎么热心地为你敲锣打鼓，爱你的主顶多给你一些慈悲的安慰。因为连你自己都还没有清楚地告诉他自己要做的是什么，那么，你又怎能无辜地责怪他没有为你开路呢？

[能量. 你不知道，上帝更不会知道. 视野，2005（7）：50 - 51]

❤ 心理训练 ▼

五年后的我

五年后的我在＿＿＿＿＿＿＿＿＿＿＿＿＿＿＿＿＿＿＿＿＿＿。

第四年，我就要＿＿＿＿＿＿＿＿＿＿＿＿＿＿＿＿＿＿＿＿。

第三年，我就要＿＿＿＿＿＿＿＿＿＿＿＿＿＿＿＿＿＿＿＿。

第二年，我就要＿＿＿＿＿＿＿＿＿＿＿＿＿＿＿＿＿＿＿＿。

第一年，我就要＿＿＿＿＿＿＿＿＿＿＿＿＿＿＿＿＿＿＿＿。

第六个月，我就要＿＿＿＿＿＿＿＿＿＿＿＿＿＿＿＿＿＿。

第一个月，我就要＿＿＿＿＿＿＿＿＿＿＿＿＿＿＿＿＿＿。

第一个星期，我就要＿＿＿＿＿＿＿＿＿＿＿＿＿＿＿＿＿。

心灵感悟

第二节　把握生命的每一分钟

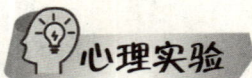

心理实验

老师在桌上放了一个罐子，然后拿出一块拳头大小的鹅卵石，正好能从罐口放进罐子，老师把它放进去后，问他的学生："你们说，这罐子现在是不是满的？"

"是……"下边有几个学生回答说。

"真的吗？"老师笑着从教桌底下拿出一袋碎石子。把碎石子从罐口倒下去，摇一摇，再加一些，然后又问学生："现在是不是满了？"

这回学生们都不敢答得太快，他们需要认真地思考这个看似简单的问题。最后，有位女学生怯生生地答道："也许没有满。"

"很好！"老师又从教桌下拿出一袋沙子，把沙子慢慢倒进罐子里。倒完后老师问："现在，这个罐子是满的呢，还是没满？"

"没有满……"同学们这下学乖了，异口同声地回答。

"好极了！"老师又从教桌下拿出一大瓶水，倒在看似已经被鹅卵石、小碎石、沙子填满了的罐子里。老师望了他的学生们一会儿，问："我们从这个简单的实验中，能得到什么重要的结论呢？"

启 示

（杨梅，李晶晶．101 个影响世人思想的经典寓言．上海：学林出版社，2004）

心理游戏

"撕思"人生

（1）在所发的白纸条上画一条长线段。在起点写上你的出生日期和年龄 0 岁，在终点上标注出你自己预测的死亡年龄。

（2）在线段的适当位置上标注出你现在的年龄，并将这之前的线段撕下来。

（3）在线段的适当位置上标注出你退休的年龄，并将这之后的线段撕下来。

（4）把剩下的格子扩成三等分，撕掉 1/3，因为我们有 1/3 的时间在睡觉。

（5）再撕掉 1/3，因为我们每天有 1/3 的时间在吃饭、聊天、玩游戏。

（6）剩下的部分还有多少？你手中拿的这段时间是什么，有多少？

假使生命只剩下一年

这个游戏可能会对你有些冲击力，但我们仍希望你能进入角色认真去做，因为从中你一定会有不少的发现和感悟。

假使现在你的生命只剩下一年的时间，你会如何度过呢？请写下你最想做的 10 件事。

1. _____。
2. _____。
3. _____。

4. _____。

5. _____。

6. _____。

7. _____。

8. _____。

9. _____。

10. _____。

（周隽．心理游戏．广州：广东教育出版社，2002）

心理故事

　　著名教育家班杰明曾经接到一个青年人的求教电话，并与那个向往成功、渴望指点的青年人约好了见面的时间和地点。

　　待那个青年人如约而至时，班杰明的房门大敞，眼前的景象却令青年人颇感意外——班杰明的房间乱七八糟，一片狼藉。

　　没等青年人开口，班杰明就招呼道："你看我这房间，太不整洁了，请你在门外等候一分钟，我收拾一下，你再进来吧！"一边说着班杰明便轻轻地关上了门。

　　不到一分钟时间，班杰明就又打开了房门，并热情地把青年人请进客厅。这时，青年人的眼前展现出另一番景象——房间内的一切已变得井然有序，而且有两杯刚刚倒好的红酒，在淡淡的香水气息里荡漾着微波。

　　可是，没等青年人把满腹的有关人生和事业的疑难问题向班杰明讲出来，班杰明就非常客气地说道："干杯！你可以走了。"

　　青年人手持酒杯一下子愣住了，既尴尬又非常遗憾地说："可是，我……我还有问题向您请教呢……"

　　"这些……难道还不够吗？"班杰明一边微笑一边扫视自己的房间，轻言细语地说："你进来又有一分钟了。"

　　"一分钟……一分钟……"青年人若有所思地说："我懂了，您让我明白了一分钟的时间可以做许多事情，可以改变很多事情的深刻道理。"

　　班杰明舒心地笑了，青年人把杯里的红酒一饮而尽，向班杰明连连道谢后，开心地走了。

其实，只要把握好生命的每一分钟，也就把握了理想的人生。

（选自纪广洋《一分钟》）

心理视窗

时间管理四象限

时间"四象限"法是美国的管理学家科维提出的一个关于时间管理的理论，把工作按照重要和紧迫两个不同的程度进行了划分，基本上可以分为四个"象限"：既紧迫又重要、重要但不紧迫、紧迫但不重要、既不紧迫也不重要。

一、第一象限是重要又紧迫的事

举例：诸如应付难缠的客户、准时完成工作、住院开刀等。

这是考验我们的经验、判断力的时刻，也是可以用心耕耘的园地。如果荒废了，我们很可能会变成行尸走肉。但我们也不能忘记，很多重要的事都是因为一拖再拖或事前准备不足而变成迫在眉睫的。该象限的本质是由缺乏有效的工作计划导致本处于"重要但不紧迫"的第二象限的事情转变过来的，这也是传统思维状态下的管理者的通常状况，就是"忙"。

二、第二象限是重要但不紧迫的事

举例：主要与生活品质有关，包括长期的规划、问题的发掘与预防、参加培训、向上级提出问题处理的建议等事项。

荒废这个领域将使第一象限日益扩大，使我们面临更大的压力，在危机中疲于应付。反之，多投入一些时间在这个领域有利于提高实践能力，缩小第一象限的范围。做好事先的规划、准备与预防措施，很多急事将无从产生。这个领域的事情不会对我们造成催促力量，所以必须主动去做，这是发挥个

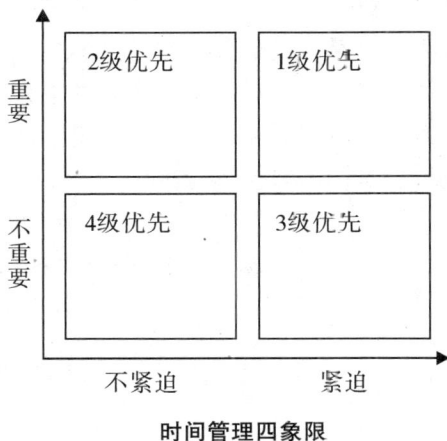

2级优先	1级优先
4级优先	3级优先

重要

不重要

不紧迫　　　　　紧迫

时间管理四象限

人领导力的领域。

三、第三象限是紧迫但不重要的事

举例：电话、会议、突来访客都属于这一类。

表面看似第一象限，因为迫切的呼声会让我们产生"这件事很重要"的错觉，实际上就算重要也是对别人而言。我们花很多时间在这里面打转，自以为是在第一象限，其实不过是在满足别人的期望与标准。

四、第四象限属于不紧迫也不重要的事

举例：令人上瘾的无聊小说、毫无内容的电视节目、办公室聊天等。

简而言之就是浪费生命，所以根本不值得花半点时间在这个象限。但我们往往在第一、第三象限来回奔走，忙得焦头烂额，不得不到第四象限去疗养一番再出发。这部分倒不见得都是休闲活动，因为真正有创造意义的休闲活动是很有价值的。然而像阅读令人上瘾的无聊小说、观看毫无内容的电视节目、办公室聊天，这样的休息不但不是为了走更长的路，反而是对身心的损毁，刚开始时也许有滋有味，到最后你就会发现其实是很空虚的。

（摘自 MBA 智库百科）

心理测试

时间管理自我诊断

请根据日常学习与生活中对待时间的方式与态度，在 A、B、C 中选择最适合你的答案。

1. 星期天，你早晨醒来时发现外面正在下雨，而且天气阴沉，你会怎么办？

A. 接着再睡。

B. 在床上逗留。

C. 按照生活规律，穿衣起床。

2. 吃完早饭，上课之前，你还有一段自由时间，你会怎样利用？

A. 无所事事，根本没有考虑去学点什么，不知不觉地过去了。

B. 准备学点什么，但又不知道学什么好。

C. 按照预先订好的学习计划进行，充分利用这一段时间。

3. 除每天上课外，对所学的各门课程，在课余时间里你将怎样安排？

A. 没有任何学习计划，高兴学什么就学什么。

B. 按照自己最大的能力来安排复习、写作业、预习，并紧张地学习。

C. 按照当天所学的课程和明天要学的内容制订计划，严格有序地学习。

4. 你每天晚上怎样安排第二天的学习时间？

A. 不考虑。

B. 心中和口头做些安排。

C. 书面写出第二天的学习安排计划。

5. 我为自己拟定了"每日学习计划表"，并严格执行。

A. 很少如此。　　　　B. 有时如此。　　　　C. 经常如此。

6. 我每天的作息时间表有一定的灵活性，以便留出一定时间去应付预料不到的事情。

A. 很少如此。　　　　B. 有时如此。　　　　C. 经常如此。

7. 当你学习忙得不可开交，而又感到有点力不从心时，你怎样处理？

A. 开始泄气，认为自己脑袋笨，自暴自弃。

B. 有干劲和用不完的精力，但又感到时间太少，仍拼命学习。

C. 开始分析检查自己的学习时间分配是否合理，找出合理安排学习时间的方法，在有限的时间里提高学习效率。

8. 在学习时，常常被人干扰打断，你怎么办？

A. 听之任之。

B. 抱怨，但又毫无办法。

C. 采取措施防止外界干扰。

9. 当学习效率不高时，你怎么办？

A. 强打精神，坚持学习。

B. 休息一下，活动活动，轻松一下，以利再战。

C. 把学习暂时停下来，转换一下兴奋中心，待效率最佳的时刻到来，再高效率地学习。

10. 阅读课外书籍，你怎样进行？

A. 无明确目的，见什么看什么，并常读出声来。

B. 能一边阅读一边选择。

C. 目的明确地阅读，运用快速阅读法，加强阅读能力。

11. 你喜欢什么样的生活？

A. 按部就班，平静如水。

B. 急急忙忙，精神紧张。

C. 轻松愉快，节奏明快。

12. 你的手表或书房的闹钟经常处于什么状态？

A. 常常慢。　　　　　B. 比较准确。　　　　　C. 比标准时间快一些。

13. 你的书桌井然有序吗？

A. 很少如此。　　　　B. 偶尔如此。　　　　　C. 常常如此。

14. 你经常反省自己处理时间的方法吗？

A. 很少如此。　　　　B. 偶尔如此。　　　　　C. 常常如此。

评分与解释

选择 A，得 1 分；选择 B，得 2 分；选择 C，得 3 分。将各题的得分加起来，然后根据下面的评析判断出自己的时间管理能力和水平。

35 ~ 42 分，有很强的时间管理能力。在时间管理上，是一个成功者，不仅时间观念强，而且还能有目的、有计划、合理有效地安排学习和生活时间，时间的利用率高，学习效果良好。

25 ~ 34 分，较善于对时间进行自我管理，时间管理能力较强，有较强的时间观念，但是，在时间的安排和使用方法上还有待进一步提高。

18 ~ 24 分，时间自我管理能力一般，在时间的安排和使用上缺乏目的性，计划也较差，时间观念较淡薄。

18 分以下，不善于时间管理，时间观念淡薄，不能合理地安排和支配学习、生活时间，需要好好地训练，逐步掌握时间管理的技巧。

改进方法指导

如果所得的分数较低，要提高警惕，努力寻求改进方法。

（颜世富 . 成功心理训练 . 上海：上海三联书店，2001）

心灵鸡汤

生命的清单

五官科病房里同时住进两位病人，都是鼻子不舒服。在等待化验结果期间，甲说，如果是癌，立即去旅行，首先去拉萨。乙也做出同样表示。

结果出来了。甲得了鼻癌，乙长的是鼻息肉。

甲列了一张告别人生的计划表离开了医院，乙住了下来。甲的计划表是：

去一趟拉萨和敦煌；

从攀枝花坐船一直到长江口；

到海南的三亚以椰子树为背景拍一张照片；

在哈尔滨过一个冬天；

从大连坐船到广西的北海；

登上天安门城楼；

读完莎士比亚的所有作品；

力争听一次瞎子阿炳原版的《二泉映月》；

成为北京大学的一名学生；

要写一本书；

…………

在这生命的清单后面，他写到，我的一生有很多梦想，有的实现了，有的由于种种原因没有实现。现在上帝给我的时间不多了，为了不留遗憾地离开这个世界，我打算用生命的最后几年去实现还剩下的这 27 个梦。

当年，甲就辞掉了公司的职务，去了拉萨和敦煌。第二年，又以惊人的毅力和韧性通过了成人考试，成为北京大学中文系的一名学生。这期间，他登上了天安门城楼，去了内蒙古大草原，还在一户牧民家里住了一个星期。现在，甲正在实现他出一本书的夙愿。

有一天，乙在报上看到甲写的一篇散文，打电话去问甲的病。甲说，我真的无法想象，要不是这场病，我的生命该是多么糟糕。是它提醒了我，去做自己想做的事，去实现自己想要实现的梦想，现在我才体味到什么是真正的生命和人生。你生活得也挺好吧？乙没有回答。因为在医院时说出的一切，早已因患的不是癌症而烟消云散了。

启 示

在这个世界上，我们每个人都患有一种癌症，那就是不可抗拒的死亡。我们之所以没有象那患鼻癌的人一样，列出一张生命的清单，抛开一切多余的东西去实现梦想，也许是因为我们认为自己还会活得更久。也许正是这一点差别，使我们的生命有了质的不同：有些人把梦想变成了现实，有些人把梦想带进了坟墓。

[李玲. 生命的灵光. 西部大开发，2006（4）：66]

心灵感悟

第三节 假如生命重新来过

个案分析

　　张宏是中等职业学校机电专业二年级的学生。自从中考失利以来，他一直郁郁寡欢，对什么事情都感到兴趣索然，学习成绩也不太理想。张宏总觉得考不上普高，实现不了大学梦，自己的人生毫无希望。他很后悔当初为什么不勤奋一点，如果那样，或许他现在就在努力为大学梦而冲刺了。最近的一次技能选拔，张宏没有被选上，更加心灰意冷，对未来失去信心。张宏觉得自己没有什么前途，十有八九像父母一样平平凡凡、柴米油盐地过一辈子。他常常想，如果生命可以重来就好了。

你觉得张宏的根本问题是 _____

_____

如果张宏向你求助，你的建议是 _____

_____

心理游戏

生命线

（1）这里有一条生命线，请准备一些彩色笔，在这条生命线的旁边分别写下你的出生时间、今天的时间和你希望活到多少岁的生命终止时间。

（2）回望过去，把对你有着重大影响的事件用不同颜色的彩笔记录下来。快乐的事件用鲜艳的笔写在生命线的上方，悲伤的事件用暗淡的颜色写在生命线的下方。

（3）展望将来，把你这一生想干的事都记录在生命线上，包括快乐与悲伤、幸福与痛苦。操作同上。

（4）反思：刚刚写下的事件是位于线的上方的多还是下方的多？是快乐的时候比较多，还是痛苦的时候比较多？

（毕淑敏．心灵7游戏．北京：北京十月文艺出版社，2004）

假如生命重新来过

常常听到有人说："倘若有下辈子，我一定要……""如果让我重活一次，我会……"虽然生命只有一次，我们没有前世，也没有来生，但不妨展开思维的翅膀，大胆想象一下，假如生命重新来过，你会怎样选择？

假如生命重新来过，我要：

_____

_____

_____

_____

_____

_____

（周隽．心理游戏．广州：广东教育出版社，2002）

临终遗言

在外星探险时你和同伴失去了联系，四周一片空寂，身边几乎什么也没有，只有一个苹果（这个苹果是不能吃的，因为它代表你的朋友）、一个手电筒、一支笔和几张纸。按照出行的规定，你将面临死亡，而如今你能做的是留下一封遗书和你的墓志铭，等有人发现你的尸体时便于辨认和埋葬。请认真思考后写下遗书和墓志铭。

心理视窗

生命重来的反思

如果再有一次生命，每个人的选择都会不同。有的会选择不再做人，有的想换个性别，有的会尽力去弥补以前生命中的遗憾，有的觉得对目前已经很满意，没必要再来……不过，大家的目的都是相同的，都希望自己能过得比现在更好。

生命重来只是一种假设，但它可以让我们了解我们对自己目前生活、学习的满意度。如果我们是不满意的，那么我们可以反省一下：我有什么办法可以弥补？我是不是能改变目前这种状况？我所做的这些是不是我的追求？

——如果你希望自己不再浪费时间，那么，别等生命重来，从今天开始，好好珍惜此生的光阴。

——如果你希望能好好保护视力，不再让自己架上沉重的眼镜，那么，从这一刻起，就别再在看书写字时让自己的眼睛和书本"亲密接触"，让自己的眼睛在激战的电脑游戏前逐渐退出；

——如果你希望自己能再用功一些，考中学时能考进自己理想的学校，那么，你现在就为进入更理想的高一级学校而努力拼搏，不要在一味哀叹中错过美好的时光；

——如果你希望能更好地对待父母，不让他们再为你操那么多的心，那么，你现在就可以付诸实施，让父母不再为你操心。

总之，只要我们愿意，有些事是不需要我们等到生命重来时才做的。生命就在眼前！可惜的是，我们中的很多人一边在感叹"假若生命再来，我要……"一边却在无视现有的生命，让日子一天天流逝，留下更多的遗憾。

（周隽．心理游戏．广州：广东教育出版社，2002）

心理故事

尼克的生命答案

尼克·沃尔齐克生于澳大利亚的墨尔本，与众不同的是，他生来便没有完整的四肢。他的父母后来还生了两个孩子，都很正常，医生和父母都不知道为何这样的事情会发生在尼克身上。据说尼克出生4个月后，母亲才第一次拥抱他；据说尼克小时候多次想自杀。

尼克没有进入专为残疾人办的学校，而是和正常孩子一起上学。尼克的下肢有一点活动能力，而且，他的左下肢还有一点脚的功能。用尼克自己的话说，他的左下肢是一个"小鸡脚"，只有两个脚趾头，而且很短。但是，他就是用这一点点自己拥有的东西，学会了写字，学会了使用电脑，学会了打鼓（电子打鼓器），学会了游泳，学会了接听电话……

最让人惊讶的是，尼克居然朝气蓬勃，心灵健康，他获得了两个学士学位，开办了自己的公司，到全世界演讲。他说：他最大的快乐就是鼓励别人，他说他爱每一个人，能给其他人一点对于生活的鼓励，就是他最大的快乐，就是他生命的意义。

尼克在世界各地演讲的时候，经常会做一件事：故意跌倒在讲台上。一个没有手脚的人，如何能够站起来？尼克会躺在那里说他童年的经历，如果旁边没有人，他就站不起来。因此他就无数次尝试自己站起来。他用自己的这个生活小细节，解释了自己对生命的一个感悟：永不放弃。然后，尼克会表现他是如何站起来的——他是用头站起来的。

尼克说他爱自己，他已经不再像小时候那样，总是想着自己为何与别人不一样。他说："不要想自己没有的东西，多想想自己拥有的东西。""我不过是比别人少了一点身体的零件而已。"尼克在演讲时说，他都可以因为爱自己而感到无限的快乐，那么，所有身体健全的人，还有什么理由不快乐呢？尼克说，他不嫉妒任何正常的人，而是由衷地为每一个人感到高兴。

当我们简单了解了尼克的生活、尼克的世界，再回味一下他的生命答案："爱自己，爱别人""永不放弃""外表不重要，内心才重要"，我们是否觉得这么平凡的话语，已经有了不同的含义？这个含义也因为尼克而具有了不同寻常的力量。当我们苦苦思索生命的意义或价值的时候，实际上，它就是那么简单。很多时候，生命的意义就是因为简单才真实，就是因为简单而令我们感动。

心灵鸡汤

如果能重活一次
[美] 娜汀·史代尔

如果我能重活一次，就不会留下这么多的遗憾。我曾问过一些高龄长辈和重大疾病患者，他们谈到的并不是后悔做了些什么，而是遗憾还没有做些什么：

我会更勇于尝试，即使多犯几次错也无所谓。

我会放松心情，不要整日神经紧绷。

我愿过着"难得糊涂"的日子。

我不会再对每件事都斤斤计较。

我希望能把握更多的机会。

我想游遍世界各地。

我要攀爬更多的高山，游过更多的河流。

我会多吃些雪糕，少吃些豆子。

我会将理想付诸行动，而不再站在原地犹豫不决。

我这一生，每一天、每个小时都活得充实健康。我曾有过光彩，若能重来一次，我愿缔造更多高峰，这是我唯一的希冀：创造一个接一个的精彩时刻，不让人生的岁月虚度。

以前旅游时，我总是会带着温度计、热水瓶、雨衣和降落伞。我若有精力再出门，绝不会再带这一堆乱七八糟的东西。

若能再活一次，我会从早春到晚秋都赤着脚。

我想多跳几场舞。

我想多坐几圈旋转木马。

我想多摘几朵雏菊。

可惜，人生真的不可以再来一次，也没有那么多重来和尝试了。以有限追求无限，请珍惜活着的感觉！

心灵感悟

第四节　珍爱生命　远离网瘾

个案分析

李键上初一时阳光、健康、学习好，还担任了班长，学会上网后逐渐成瘾，并且有了早恋的女友，再没有心思安心学习。当过兵的父亲气极而怒，屡次打骂也没能把孩子从"网瘾"中拉出来，相反，严管之下的李键产生了严重的逆反心理。在一次和父亲发生激烈的冲突后，他用榔头锤杀了生养他的父母。当刑警抓捕李键时，他依旧安然地坐在网吧里上网。

1. 什么是网络成瘾？
2. 为什么上网容易成瘾？
3. 为什么李键上网成瘾后变得如此冷漠残忍？
4. 李键的故事给你什么启示？

心理游戏

辩论：网络是天使还是魔鬼

正方：网络是天使

_____

_____

反方：网络是魔鬼

_____

_____

心理测试

互联网成瘾综合征

看看下面 10 道题的描述，有几项与你的情况比较符合：

1. 你是否总嫌上网的时间太少，不能满足你的要求？

2. 自从你接触网络以来，上网的时间是否不断增加？

3. 你心情不好时，一上网是否就会恢复好心情？

4. 上网的费用是否太多，以至于你有点无法接受？

5. 离开网络后，你是否总难以忘记上网时所浏览的网页、聊天内容等？

6. 有一段时间不上网，你是否就会感到焦躁不安？

7. 你是否愿意为了上网而放弃上课？

8. 你上网的时间是否经常比预计的时间长？

9. 你离开网络后是否会产生失落感？

10. 你是否会对父母或朋友掩饰上网的行为？

结果如何呢？如果有 1～2 项符合，那就要反思一下自己了，再发展下去，当心染上"互联网成瘾综合征"噢！如果有 4～5 项符合，说明你已经有网络成瘾倾向了，请赶快采取补救措施。

（崔丽娟．高中生心理健康教育读本：学生用书．合肥：安徽科学技术出版社，2004）

心理视窗

远离网络成瘾的方法

一、想象厌恶法

当你非常想上网或正在上网的时候，想象某些厌恶的情境，以达到减少上网行为的目的。例如想象眼前站着某位使你感到害怕的人，如你威严的父亲或者严厉的老师等；也可以想象你最害怕的动物正在向你靠近；还可以想象键盘上爬满了毛毛虫等。

二、自我管理法

（1）转移注意。可以在想上网的时候，强迫自己转移注意力，主动离开放有电脑的房间，用看书、打球、跑步、听音乐等其他活动取代原来的上网行为，甚至可以主动建议父母暂时取消家庭上网服务，或给电脑设置密码，将自己与网络隔绝。

（2）上网时间递减法。可以设立合理的"小步子"目标，逐渐减少上网时间。在此过程中，每次上网的时候，可以使用闹钟提醒自己准时结束，与此同时，可以让父母、朋友监督。

（3）自我指令。可以给自己制定学习时间安排表，规定每天什么时候必须学习。每当抵制住了诱惑，认真学习，度过了充实的一天之后，就应该进行自我鼓励："今天学得有收获，很投入，坚持就是胜利！"

（4）自觉提高上网效率。把上网该做的事高效完成，不要沉溺其中。

（5）自我奖励与自我惩罚。运用以上方法，根据自己完成的效果给予自己奖励或者惩罚。如果完成得好，就可以好好奖励自己，如去大吃一顿或买一个自己喜欢的东西；如果完成得不好，就惩罚自己做100个俯卧撑或者做家务等。

心灵剧场

《变形计》第一季之《网变》

魏程，15岁，是长沙某省重点中学初一学生，不珍惜富足的生活，对上学失去了兴趣，昼伏夜出，在网吧发呆。高占喜，14岁，是青海省民和县朵卜村初一学生，埋怨家境贫困，希望通过读书征服城市，却面临失学危机。如果他俩互换一周，七天过后，高占喜是否不愿回到乡村老家？魏程能否自觉自愿戒除网瘾？

第一天，农村孩子震惊于城市的繁华，七次落泪；城市少年已辍学，重返乡村课堂，瞌睡连连。互换后第二天，重大转机出现，两幕心灵大冲撞于两地上演：一堂电脑课，让厌弃上学的网瘾少年重拾学堂，信心焕发，融入集体，回归学业。两个小朋友，城市表弟、表妹特意陪伴青海村娃，却带来无言伤害。城市文化渐渐浸染占喜内心，本来节俭有加，如今花钱如流水，一切将如何继续？

经历了最初的不适应，城乡孩子连连遭遇挫折和惊喜。城里这位加入农忙大军，体力不支，本萌生退出互换之意，不料再次遭遇心灵震撼，农村父母掏出毕生积蓄，仅为满足他的一时玩乐之心，他无以言谢拼命干活，触动之余，难得向自己的亲生父母低头认错。至于农村这位，他游历城市繁华，大喊舒服、神气，不想家，明确表示不想回去。亲妈苦心安排他打工受教育，卖报搬书，占喜渐知城市艰辛，却迷恋电脑，和城市孩子如出一辙，这又该如何是好呢？

[陈明.《变形计》之辩.视听界，2006（6）：34－37]

心理咨询

网恋女孩，你要学会把握自己

特约主持人：马志国（心理咨询师）

马老师：

您好！我是刚刚走出校门的姑娘，现在遇到挫折了。

我和他是在网上认识的，他在很远的S城工作。开始我们在网上只是单纯地聊天，并没有"网恋"。有一天，他有事要到我所在的城市，我们约好见了面。他向朋友介绍说我是他的女朋友——我默认了。几天后他要回去了，离别时，我们是那样依依不舍。

此后，每隔一天他就给我打电话，我们虽然相隔很远，但两颗心却很近。一个月后，我不顾家人的反对去S城看他。

他是软件公司的一个部门经理，24岁。我觉得他是一个很好的人，对我很好。他有过几次性要求，说要得到我。我开始很矜持，死也不肯，因为贞洁对于我来说是最重要的。后来我不知出于什么心态答应了他，因为我觉得我是爱他的。可是后来，我却越来越不相信他了，总觉得他并不爱我。我问他，他说他喜欢我，但是爱需要时间……

我现在好恨他，更恨我自己。为什么没能把握住自己？他为什么这样对我？这是一道永远愈合不了的伤痕，更是一个惨痛的教训。难道这只是游戏？他怎么可以这样不负责任，我怎么就那么糊涂，我好恨自己呀！

一个傻女孩　晓芬

晓芬：

你好！马老师能读懂你的心痛，我知道你已经在追悔自己的"自作自受"，却还要狠下心来帮你看清你到底是怎样"自作自受"地从网上跳进感情旋涡的。

首先是你没有把握好网络交往的特点。

网恋，因其情境的虚拟性、身份的隐秘性、对象的模糊性、进退的随意性，使人的心理需要得到了满足。人的心理需要是个怪东西。每个人，几乎是本能地期望自己的生活有最大限度的自由，能够依照自己的主张"为所欲为"。人们在渴望满足上述需要的同时，又希望最大限度地获得心灵安全，承受最小的心理压力。可是，现实生活哪能对人如此"厚爱"？现在好了，网络可以做到这一点。

网恋情结多是海市蜃楼。你知道网上交友不现实，但还是陷了进去，把没有现实基础的网恋拉到现实中来——你们的最初相见就潜伏了危机。

其次是你没有把握好自己的感情。

你明明感到你们的感情是"模糊""朦胧"的，却自欺欺人，把这当成了爱。你们彼此了解多少？有多少心灵沟通？

你们之间，最多也就是模仿性的恋爱，是一种很不稳定的感情；或者干脆就是一个爱的游戏。你把自己制造的一个爱的游戏当了真，掉进了感情的旋涡。

你混淆了性与爱。

性与爱是密切联系的，但是，绝不是说有了性就有爱。你自己也感到答应他的性要求好像不是爱的自然选择，所以你才有"不知出于什么心态"的困惑。你出于什么心态呢？在本能的性冲动之下，你用性的付出作为一个筹码以换取他的爱，以获得被爱的安全感。当然，这是你无意识中的心理活动。这种性的付出并不能换来爱的承诺。当你献出了自己的身体之后，你隐约感到了一种不安，变得对他不信任——这说明你对你们的感情是没有把握的。

即便他对你真的动过感情，但是，当他发现你的轻率之后，他感到了不安。他所说的爱需要时间是没有错的，这表明他在重新审视你们的感情，或者说他对你已经爱不起来了。

最后是你没有把握好自己的人格特征。

有句话说，性格就是命运。你的人格特征是单纯、幼稚、轻率、任性、感情用事等。这样的人格特征必然给生活带来困扰和麻烦，甚至酿成人生的悲剧。人难以战胜的敌人往往是自己。归根结底，是你把自己一步步推向感情的旋涡深处。

现在你该怎么办？重要的是反思自己。有些人吃了苦头后大叫冤枉。其实很多时候都是自身的心理误区所致。心理学上有个归因的说法。人们的归因不外乎两种情况：一种是外归因，就是遇到失败挫折的时候喜欢从外部找原因；一种是进行内归因，就是遇到挫折失败的时候多从自身找原因。前者常常是怨天尤人，难以从挫折失败中学到什么，后者则能够反省自我。让人欣慰的是你已经开始了反思，你不仅恨他，更恨自己。你能够这样进行内归因，说明你正在成长，正在学习把握自己。

我相信，你一定能够让自己振作起来！

［马志国．网恋女孩，你要学会把握自己．中国青年研究，2005（12）：59］

心灵感悟

参考文献

1. 伍新春，叶斌．中职心理健康阳光教育．北京：北京师范大学出版社，2003.

2. 叶斌．心理．上海：华东师范大学出版社，2004.

3. 周隽．心理游戏．广州：广东教育出版社，2002.

4. 沃建中．中学生心理导向：第四册．北京：科学出版社，1999.

5. 广东省教学教材研究室．高中生心理健康教育．广州：广东教育出版社，2003.

6. 王希永．职校生心理发展与健康．北京：开明出版社，2003.

7. 崔丽娟．高中生心理健康教育读本：学生用书．合肥：安徽科学技术出版社，2004.

8. 毕淑敏．心灵7游戏．北京：北京十月文艺出版社，2004.

9. 颜世富．成功心理训练．上海：上海三联书店，2001.

10. 边玉芳．心理健康．上海：华东师范大学出版社，2005.

11. 王征宇．症状自评量表（SCL－90）．上海精神医学，1984（2）.

12. 叶婕好．性格与命运．北京：人民日报出版社，2005.

13. 良石．改变一生的智慧．延吉：延边大学出版社，2005.

14. 贾玉虎．心灵10游戏．北京：北京海潮出版社，2004.

15. 沃建中．中学生心理导向：第二册．北京：科学出版社，1999.

16. 沃建中．中学生心理导向：第三册．北京：科学出版社，1998.

17. 斯宾塞．一分钟的你自己．王岩，译．延吉：延边人民出版社，2002.

18. 化雨．测试心灵的晴雨表．北京：中国戏剧出版社，2005.

19. 杨明．抛开烦恼回家．南宁：广西人民出版社，2002.

20. 林崇德，俞国良．课外心理，中学生心理自测．沈阳：辽宁人民出版社，2001.

21. 夏洛尔．EQ自测．北京：中国城市出版社，2007.

22. 华牧．经典管理寓言全集．北京：企业管理出版社，2004．

23. 马前锋．心灵驿站：情绪调控．上海：上海科技教育出版社，2000．

24. 徐端海．不高兴了你怨谁：精神健康自我疗法．北京：作家出版社，2003．

25. 阎观潮，张玉波．职场起步．北京：机械工业出版社，2005．

26. 陈一筠．青春期性健康教育读本：高中分册．北京：人民教育出版社，2001．

27. 席慕蓉．写给幸福．台北：尔雅出版社，1985．

28. 孙淡宁．农妇随笔选．长沙：湖南文艺出版社，1987．

29. 宋专茂，陈伟．心理健康测量．广州：暨南大学出版社，2001．

30. 吴增强．高中生心理辅导指南：第二册．上海：上海科技教育出版社，2001．

31. 陈雅勤．小故事中的大智慧全集．北京：金城出版社，2005．

32. 刘国平．问候心灵：青少年心理自我咨询．上海：上海教育出版社，1998．

33. 杨梅，李晶晶．101 个影响世人思想的经典寓言．上海：学林出版社，2004．